JN093795

改革・改善のための戦略デザイン

外食業DX

業界標準の指南書

三輪 大輔 著

Digital Transformation

秀和システム

●注意

(1) 本書は著者が独自に調査した結果を出版したものです。

(2) 本書は内容について万全を期して作成いたしましたが、万一、ご不審な点や誤り、記載漏れなどお気付きの点がありましたら、出版元まで書面にてご連絡ください。

(3) 本書の内容に関して運用した結果の影響については、上記(2)項にかかわらず責任を負いかねます。あらかじめご了承ください。

(4) 本書の全部または一部について、出版元から文書による承諾を得ずに複製することは禁じられています。

(5) 商標

本書に記載されている会社名、商品名などは一般に各社の商標または登録商標です。

はじめに

　コロナ禍は、外食業界にとって明治維新のような大転換のきっかけになるかもしれません。1回目の緊急事態宣言が解除された頃、ある経営者がこう口にしました。今、現実はまさにその言葉通りに進んでいます。

　江戸幕府の崩壊から明治政府樹立までの流れは、NHKの大河ドラマ『青天を衝け』でも日本資本主義の父・渋沢栄一を中心に丁寧に描かれています。

　そもそも明治維新の定義付けは諸説ありますが、簡単にいいますと、黒船来航から明治政府設立までの一連の改革を指します。運動を牽引したのは、主に薩摩藩と長州藩です。しかし、江戸時代末期、特に長州藩は水戸藩と並んで、尊王攘夷の急先鋒でした。尊王攘夷とは、君主を尊び、外敵を退けようとする動きでした。ところが、薩摩藩は薩英戦争で、長州藩は下関戦争で、欧米列強の軍備力の強さを嫌というほど思い知ったことで事態は急転。列強諸国に負けない近代国家設立の必要性を訴え、倒幕運動に突き進みました。

　結果として、戊辰戦争で薩摩藩と長州藩を中心とした新政府が勝利したことで、江戸幕府は滅亡。明治新政府の下、文明開化や富国強兵などに代表される改革が行われ、日本は列強の仲間入りを果たしました。

　新政府樹立を目指した倒幕運動も尊王攘夷も、どちらも"今のままではいけない"という危機感がベースにありました。そして、一連の騒乱のきっかけをつくったのは黒船の来航でした。

　先の経営者の言葉を借りるならば、コロナ禍はまさに黒船に他なりません。そして興味深いことに、変化への反応は、幕末と同じように二分されています。コロナ禍を踏まえて新しい組織へ生まれ変わろうとしている企業と、コロナ禍を過小評価して以前のようなやり方を貫き通す企業に分かれているのです。

　本書を執筆している時点で、コロナ禍はまだ終息しておらず、これから先どのような展開を見せていくのか分からないことは多いです。しかし、まず間違いないのは、コロナ禍はこれまでの外食産業のビジネスの前提を崩したということです。

本書でも詳しく触れますが、コロナ禍で飲食店の重要な経営指標である「FLR」の考えが通用しなくなりました。また、緊急事態宣言の発出やまん延防止等重点措置が繰り返されたことで、外食の利用が激減し、コロナ禍が終息しても以前のような需要が戻ってくる可能性は低いです。その結果、外食、中食、内食の垣根を越えた、"食"を巡るマーケットの奪い合いが起きています。明治維新の例に倣うなら、外食業界はまさに開国を迫られた江戸幕府と同じような状況に置かれているといっても過言ではありません。

　しかし、外食業界はテクノロジーの活用が進んでいない業界だと言われています。その中で、加工食品メーカーなど内食のプレイヤーや、コンビニエンスストア、スーパーマーケットをはじめとした中食のプレイヤーと戦わなくてはなりません。確かに飲食店の現場で培ったセンスは立派な武器になり得ますが、それだけでは心もとないでしょう。それでは何を頼りに戦っていけばいいのでしょうか。そのよりどころこそ DX に他なりません。テクノロジーを起点に組織の変革を行えば、すでに持っている強みや魅力が何倍にも増して、新たなステージで優位に戦うことができるはずです。

　とはいえ、DX の流れはまだ道半ばに過ぎません。この先何年と続いていく動きとなるでしょう。現時点で明確な答えがないからこそ、DX の一般論を語っていても意味がありません。そこで本書では、DX の基本を解説した後は、具体的な事例の紹介に力を入れました。経営者へのインタビューをはじめ、DX の活用事例や DX 化を実現する組織づくりなど、DX について考えるためのヒントになり得る事例を多数掲載しています。いずれも各社の取り組みの背景や成果が分かる事例ばかりなので、自社の参考になるでしょう。

　本書が、あなたの会社の DX 化を進める助けとなったら望外の喜びです。

2021 年 12 月　三輪大輔

改革・改善のための戦略デザイン
外食業DX　目次

① 章　DXの概要と意義、必要性

② 章　業界の現状分析と改善の視点

③ 章　導入・改善・成功事例

4章　成功するプロジェクトの進め方

5章　DX の先の成長・戦略デザイン

1 DXの概要と意義、必要性

DXとはそもそも何なのか、また、DXによって起こる変化やそれに伴う課題などについて紹介していきたいと思います。

そもそもDXとは何か

近年、頻繁に聞かれるようになった「DX」について、その言葉の意味や、仕組み、また、「DX」によってどんなことが可能になるのか、などを説明していきましょう。

◇ デジタイゼーションとデジタライゼーション

　　2021年はDX元年と呼ばれ、さまざまなシーンで「DX」というキーワードを聞くことが増えました。しかし、その反面、言葉だけが一人歩きをして、本来の意味からかけ離れた使われ方をされるケースも目立ちます。

　　DXとは、「デジタルトランスフォーメーション」の略です。英語で記すと、Digital Transformationとなり、"デジタル"による"変革・変容"という意味も持ちます。そのことから、DXをIT化やテクノロジー化と勘違いしている人は多いと思います。

　　その背景として、タブレット型の**POSレジ**など、近年、企業経営や店舗のオペレーションを革新させるサービスが続々と登場した影響も大きいでしょう。数年前は1台導入するのに莫大なコストが必要だったPOSレジも、タブレット型の登場などにより、今では驚くほどリーズナブルな価格で導入できるようになりました。その結果、導入に至るハードルが下がり、多くの飲食店で導入が進みました。この他にも、モバイルオーダーやシフト管理システム、受発注システム、予約台帳システムなどにもリーズナブルな価格のサービスが登場しており、ここ数年で導入する飲食店が増えています。

　　そうした変化により、いわゆるガチャレジをタブレット型のPOSレジに切り替えたり、紙伝票でオーダーを取るのをやめてモバイルオーダーを導入したりしたことで、アナログから"デジタル"に"変えた"のだからうちもDX化できた、と勘違いする人が多くなったことは無視できないでしょう。

　こうした話を聞いて、「うちはデジタル機器を導入した上で、業務プロセス自体をデジタル化しているから大丈夫」と思う人もいるかもしれません。確かに数年前と比べたら、コミュニケーションツールを用いてスタッフ間のやりとりをスムーズにしたり、WEB予約分を自動で席配置したりと、業務そのものをデジタルに移行して一気にスタッフのパフォーマンスレベルを上げる飲食店も増えました。しかし、残念ながらそれらもDXではありません。

　それではDXとは何でしょうか。その説明をする前に、先の2つの事例の正体について触れておきましょう。DXを実現するまでには、大きく2つのステップがあります。それが**デジタイゼーション**と**デジタライゼーション**です。似ている用語ですが、その中身はまるで違います。それぞれの用語が持つ定義は次の通りです（図表1-1参照）。

デジタイゼーション　：アナログデータのデジタル化
デジタライゼーション：業務プロセスのデジタル化

デジタイゼーションとデジタライゼーション(図表1-1)

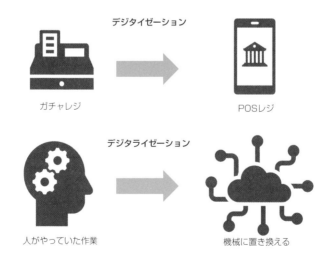

デジタイゼーション

ガチャレジ　→　POSレジ

デジタライゼーション

人がやっていた作業　→　機械に置き換える

先ほどの例と照らし合わせると、1番目の例がデジタイゼーションで、2番目の例がデジタライゼーションです。これらの2つのステップを踏まなければDX化が実現しないわけではありません。しかし、2つのステップを踏んでおいた方が、DX化はスムーズに実現するでしょう(図表1-2参照)。

デジタルトランスフォーメーションへのステップ(図表1-2)

デジタルトランスフォーメーション
(Digital Transformation)
"顧客体験価値"の創出のための事業やビジネスモデルの変革

デジタライゼーション
(Digitalization)
業務プロセスのデジタル化

デジタイゼーション
(Digitization)
アナログデータのデジタル化

◇ DXの定義

　では肝心のDXとは何でしょうか。その明確な定義付けは定まっていませんが、2018年に経済産業省が公表した内容がひとつの指針になっており、そこには次のように記されています。

　企業がビジネス環境の激しい変化に対応し、データとデジタル技術を活用して、顧客や社会のニーズを基に、製品やサービス、ビジネスモデルを変革すると共に、業務そのものや、組織、プロセス、企業文化・風土を変革し、競争上の優位性を確立すること。

　かいつまんでいいますと、「データとデジタル技術を活用」し、「ビジネスモデルを変革」した上で、「競争上の優位性を確立すること」。それこそがDXなのです。いうなれば、デジタイゼーションやデジタライゼーションは部分最適に過ぎないのです。DX化には、組織全体の変革をもたらす全体最適の思考が求めらます。

　DXを考える上で、1つ重要なポイントになるのが「競争上の優位性を確立」の解釈です。飲食店にとって、競争上の優位性を確立するために必要なのが、「顧客体験価値の創出」に他なりません。コロナ禍が起きてから、そのことが一層求められるようになっており、今後、飲食店が生き残っていく上で絶対に外せない視点です。その詳しい背景などについては、後ほど述べます。本章では、こうした理由からDXの定義は次のようになることを覚えておいていただければと思います。

デジタルトランスフォーメーション：
　"顧客体験価値"の創出のための事業やビジネスモデルの変革

　つまりDXを実現するには、まずデジタルツールを活用するだけではなく、そこから来店履歴などのデータを取って蓄積していかないとなりません。そして、取得したデータを分析して、それらをサービスや業務はもちろん、ビジネスモデルの変化にまで落とし込みます。その上で、顧客体験価値の向上を実現し、競争を勝ち抜いていくという取り組みです。

　例えば、POSレジならガチャレジからタブレット型のPOSレジに切り替えるのが第一段階です。そして、取得したデータから売れ筋商品や来店組数、客単価などを分析して、サービスのやり方を変えたり、新商品の開発をしたり、果ては新業態の開発に結び付けたりします。同時に組織、企業文化・風土を変革し、新しい流れが逆行しないようにすることも欠かせません。その上で、それらを顧客体験価値の向上につなげて競争を優位に進めていく。そこまでやってDXが実現するのです（図表1-3参照）。

組織、企業文化・風土
なども変革

競争上の優位を確立

ビジネスモデルを変革
取得したデータを活用して、サービスを変えたり、新商品をつくったり、新業態を開発したりする

データとデジタル技術を活用
ガチャレジをタブレット型のPOSレジに変更し、売れ筋商品や来店組数、客単価などを分析

◇ DX化を加速させるSaaS型アプリケーション

　近年、企業経営や店舗オペレーションのためのリーズナブルな価格のサービスが登場しています。その理由の１つが「第3のプラットフォーム」に隠されています。第3のプラットフォームは、アメリカの調査会社 IDC が提唱したコンセプトで、「クラウド」「ビッグデータ」「モビリティ」「ソーシャル」の４つから成り立っています。それぞれの詳細は下記の通りです(図表 1-4 参照)。

クラウド ：インターネットを通じて、必要なサービスを必要なときに必要な分だけ利用できる仕組み

ビッグデータ：事業に役立つ知見を導出するためのデータ（平成 24 年版情報通信白書）

モビリティ ：パソコンやスマートフォン、タブレットなどの情報端末

ソーシャル ：Facebook やインスタグラム、Twitter といった SNS

プラットフォームの3ステップ(図表1-4)

第1のプラットフォーム　　　第2のプラットフォーム　　　　第3のプラットフォーム

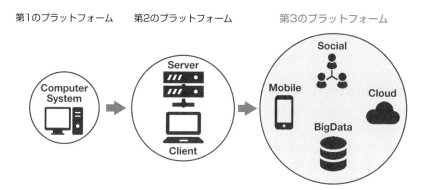

　なお、第1のプラットフォームは「メインフレームと端末」で、第2のプラットフォームは「クライアント・サーバー」でした（図表1-5参照）。メインフレームとは、主に大企業や官公庁の基幹業務に使用されている大型コンピューターを指します。まだクライアント・サーバーは、データを管理するサーバーと、アクセスをする複数のクライアントから成るシステムのことでした。どちらも長年ビジネスの最前線を支えてきましたが、管理や保守のコストがかかるというデメリットがありました。

クライアント・サーバー(図表1-5)

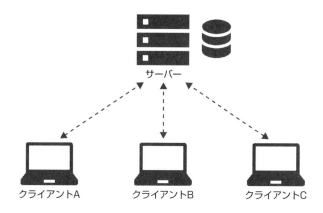

しかし、第3のプラットフォームでは、その負担がかなり軽減されています。それを象徴するのが第3のプラットフォームの中の「クラウド」に位置する SaaS[*] に他なりません。SaaS は必要なサービスを必要なだけ利用できるモデルを指します。（図表 1-6 参照）。

従来のソフトウェアとSaaSとの比較(図表1-6)

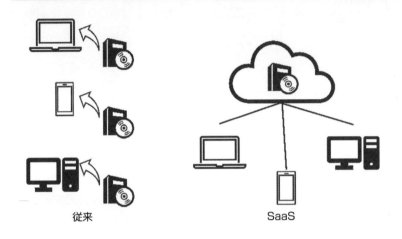

従来　　　　　　　　　　　　　SaaS

　身近な SaaS のサービスを挙げると、Gmail や Zoom などがあります。SaaS の特徴は、端末にソフトウェアをインストールする必要がないことです。数年前まで、Word や Excel をパソコンで使うため、Microsoft Office のソフトをインストールしていた方が多いでしょう。ところが今では「Microsoft 365」を活用すれば、インターネット上で必要なソフトを必要なときに利用できるようになりました。しかもサブスクリプションモデルなので、コストもかなりリーズナブルです。アップデートもベンダー側が必要に応じて自動で行ってくれるので、常に最新のサービスを使い続けることができます。

＊**SaaS**　Software as a Service の略。

　こうしたサービスを使っていて、特にコストがかかると感じた人は少ないはずです。むしろ、負担がほとんどかからないまま、便利なサービスをリーズナブルに利用できて、メリットを感じている人が多いでしょう。それと同じことが、外食業界のDXの現場でも起きています。現在、多くのサービスがSaaSで提供されていて、少ない負担とリーズナブルな価格で利用できるのです。これまで外食業界は、デジタライゼーションはおろか、デジタイゼーションもなかなか進まなかった業界だと言われていました。そうした業界だからこそ、DX化の流れが進む今はチャンスに違いありません。先入観にとらわれず、ぜひ積極的にサービスを活用してほしいです。

　ただ1点だけ注意が必要なのは、サービスを導入して終わりではないということです。むしろ、導入してからが本番だからこそ、サービスを導入する際はアフターサポートがしっかりしている業者を選ぶことをおすすめします。特にコロナ禍になって以降、バックグラウンドが定かではない会社が提供するサービスや、手離れのよさを求めるベンダーが増えました。

　いかにして二人三脚で歩んでくれる業者を見つけるか。IT部門に人を割けない外食企業では、そうした業者の存在は貴重です。DXの成否は、そこにかかっているといっても言い過ぎではないでしょう。

業界を超えて起こる産業のDX化

外食業のみならず、多くの業界でDX化が進められています。コンビニ、スーパー、アパレル業界などが抱える課題について解説していきます。

◇ 広がるDXと抱える課題

コロナ禍では緊急事態宣言の発出やまん延防止等重点措置が繰り返されており、その都度、営業時間の短縮や営業自体の自粛が求められています。東京都から「営業時間短縮に係る感染拡大防止協力金」が支給されたり、厚生労働省からは雇用調整助成金が支給されたりと、経営を下支えする施策が打ち出されているものの、イートインの売上だけでは経営が成り立たなくなりました。そこで、減少した売上を補填するためにも、多くの企業がデリバリーやECサイトでの商品の販売を始めています。

しかし、販路を広げた結果、中食や内食のプレイヤーと競合するケースが増えました（図表1-7参照）。なお、中食とは惣菜や弁当を買ったり、デリバリーサービスを利用したりして自宅で食事をすることです。一方、内食とはスーパーマーケットなどで食材を買ってきて自宅で調理して食べることを指します。

外食・中食・内食（図表1-7）

外食

居酒屋やレストランをはじめとした飲食店で食事をすること

中食

惣菜や弁当を買ったり、デリバリーサービスを利用して自宅で食事をすること

内食
スーパーマーケットなどで食材を買ってきて自宅で調理して食べること

　外食業界内での戦いなら、サービスや料理を磨いて差別化を図り、勝ち抜くこともできるでしょう。ところが、中食や内食では戦う相手がコンビニエンスストアやスーパーマーケット、食品加工メーカーとなります。もちろん、どのプレイヤーもDX化を進めており、敵としてなかなか手ごわい。

　しかも、外食業界がデリバリーやミールキットで、中食と内食に進出しているように、中食がイートインを始めて外食に対抗したり、内食が惣菜に力を入れて中食を強化したりと、それぞれがフィールドを飛び越えての戦いが繰り広げられています。だからこそ、中食と内食の競合におけるDX化の進展を理解しておく必要はあるでしょう。

　まず、中食の中心はコンビニエンスストアです。コンビニエンスストアは他の業界に先駆けてPOSデータの活用を進め、POSデータを基に商品の開発や展開を決めています。そのマーケティング戦略は群を抜いて優れており、コンビニエンスストアの棚に並ぶアルコールを見て新業態を開発したり、冷凍食品のラインナップから新事業を確立させたりと、意思決定の参考にする外食経営者は多いです。

　POSの活用以外にも、キャッシュレス決済や**セルフレジ**の導入、そして無人店舗の稼働と、コンビニエンスストアの進化は続きます。最近では、自律走行型配送ロボットやドローンを活用した商品の配送実験なども行い、さらなる進化を目指しています。将来的には、サプライチェーンのDX化を目標としており、それが実現すると顧客が望む商品をよりタイムリーに、かつ低価格で展開できるようになるので、今でも身近な存在のコンビニエンスストアが、今後、さらに身近になる可能性は高いです。

　続いて、内食の強敵となるのがスーパーマーケットです。スーパーマーケットのDX化においても、同じ小売業であるコンビニと同様に、キャッシュレス決済やセルフレジの導入などが進んでいます。その中で、スーパーマーケット独自の施策として、今後、脅威になりそうなのがネットスーパーの存在です。「イトーヨーカドー」をはじめ、「西友」「イオン」などの大手小売は漏れなくサービスを開始しており、その利用者の開拓に力を注いでいます。

ところが、今のところネットスーパーの普及率は低いです。伊藤忠商事グループのマイボイスコム株式会社が2020年10月1日〜5日に実施したネットスーパーに関する調査によると、ネットスーパーの利用経験者は2割強にとどまっています。現在利用している人に限ると「定期的に利用している」が3.2%、「不定期だが利用している」が7.9%と1割強しかありません（図表1-8参照）。いわゆる**"ラストワンマイル"**を攻略できておらず、いずれの企業も苦戦を強いられています。

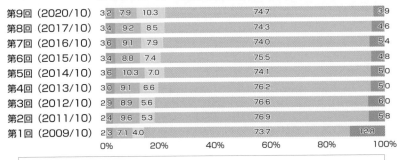

ネットスーパーに関する調査(図表1-8)

Q. ネットスーパーを利用したことがありますか？

	定期的に利用している	不定期だが利用している	利用したことはあるが、現在は利用していない	利用したことがない	ネットスーパーを知らない
第9回 (2020/10)	3.2	7.9	10.3	74.7	3.9
第8回 (2017/10)	3.4	9.2	8.5	74.3	4.6
第7回 (2016/10)	3.6	9.1	7.9	74.0	5.4
第6回 (2015/10)	3.4	8.8	7.4	75.5	4.8
第5回 (2014/10)	3.6	10.3	7.0	74.1	5.0
第4回 (2013/10)	3.0	9.1	6.6	76.2	5.0
第3回 (2012/10)	2.9	8.9	5.6	76.6	6.0
第2回 (2011/10)	2.4	9.6	5.3	76.9	5.8
第1回 (2009/10)	2.3	7.1	4.0	73.7	12.8

出典：マイボイスコム株式会社

しかし、Amazonの参入で、一気に普及が進む可能性が出てきました。現に、2021年7月14日には生鮮食品の買い物の利便性向上のため、Amazonプライム会員向けサービス「Amazonフレッシュ」をリニュー

メモ **ラストワンマイル**

最終拠点からエンドユーザーへ届ける物流の最後の区間を指す。
ネット通販への参入事業者が増えており、送料無料・当日配送など物流サービスの差別化に近年注目が集まっている。

アルオープンしています。アメリカやイギリスでは「Amazon Fresh」の実店舗も構えており、今後、日本でも展開が始まる可能性が高いです。もし上陸すれば一気にスーパーマーケットを中心とした小売業界のDXが進み、ネットスーパーの利用も普及していくでしょう。

　最後に、少し触れておきたい業界があります。それがアパレルです。アパレルは外食業界と同じく労働集約型の産業で、ここ数年、人手不足に苦しんでいます。そうした業界でも、現在、DXが進んでいます。

　コロナ禍で、アパレルも大きな打撃を受けました。老舗アパレルメーカーの株式会社レナウンが倒産したり、人気ブランドの「CECIL McBEE（セシルマクビー）」が店舗事業から撤退したりと、ひとつの時代の終焉を告げるような衝撃的なニュースが相次ぎました。そうした苦境から脱するべく、EC販売やレジの無人化といったDX化への取り組みが業界内で相次いで起きました。

　中でも今後業界を革新させそうな力を持っているのが**RFID**＊タグに他なりません。RFIDは、タグのデータを非接触で読み書きできるシステムを指します。SuicaなどのICカードにも活用されている技術で、私たちの身近で日常生活を支えてくれてもいます。

　これまで多くのアパレルメーカーでは入荷や棚卸しの際、1つ1つの商品のバーコードを読み取って商品の確認を行っていました。しかしバーコードは、障害物があったり対象との距離が遠かったりするとスキャンできません。そのため、箱に入っている商品を出したり、商品に近付いたりする手間が発生し、作業に時間がかかっていました。

　一方で、RFIDタグなら1個1個バーコードを読み込む必要がありません。読み取り機器を使えば、一気に商品のデータを読み込むことができます。また、多少の障害物や距離があっても読み込めるので、箱を開けたりする手間も必要ありません。その結果、サプライチェーンのリードタイムの短縮や省人化を実現し、リーズナブルな商品をタイムリーに届けることが可能となりました。RFIDタグの活用は店舗側だけでなく、消費者にとってもメリットが大きいです（図表1-9参照）。

＊**RFID**　Radio Frequency Identification の略。

①非接触・被覆可能
※箱の外側から内側のタグを読み取り可能

②短時間で大量読み取り
※二度読みしない

③複数一括読み取り

②サプライチェーンでの活用

　なお、株式会社ファーストリテイリングが展開する「ユニクロ」や「GU」に設置されている無人レジは、RFID タグのこうした性質を活用しています。また、万引き防止のため店舗の入り口に設置しているゲートも、RFID タグに反応する仕組みのものが多いです。

　実は、RFID タグの技術は外食業界でも活用されています。それが回転寿司の皿です。皿の裏に RFID タグを付け、会計や顧客分析、そして廃棄時間の把握などに活用しています。それにより省人化を実現すると共に低価格を実現し、顧客体験価値の向上を実現しているのです。アパレル業界を大きく変える可能性のある技術が、すでに回転寿司業界で活用されており、それが外食の中でも DX が最も進んでいる業界である点は興味深いです。

　今後、強力な競合となり得るコンビニエンスストアやスーパーマーケット、そして同じ課題を抱えているアパレルと、それぞれ外食業界よりも一足先に DX 化が進んでいます。垣根を越えた戦いを勝ち抜くためにも、そして課題を克服して力強く成長するためにも、外食業界も DX 化を推し進めていかなければなりません。

DX化で外食業に起こる変化

外食業でDXが加速する中、どんな変化が起こっているのか、詳しく見ていきましょう。

◇ "いつものサービス"がいつでも受けられる

DX化が進むと外食業界の在り方は大きく変わるでしょう。例えば、これまで外食業界では顧客データの蓄積はなかなか困難なことでした。常連客がいたとしても、数名のできるスタッフは顔や名前はもちろん、いつも頼むメニューや好きな話題などを覚えていますが、全てのスタッフが覚えているわけではありません。そうなると、できるスタッフがいない日に店を訪れたら、常連客はいつものサービスを受けることができません。"いつものサービス"を期待して来店した常連客は肩透かしを食らって、「サービスが悪くなった」と言って二度と来店しなくなるかもしれません。

そうならないためにも、顧客管理システムにデータがたまる仕組みを構築するなどして、個人ではなく、スタッフ全員が一丸となって店舗のサービスレベルを上げていくことが重要です。暗黙知を形式知にし、いわゆる**ナレッジマネジメント**ができれば、さらにいいサービスが実現する可能性が高まるでしょう（図表1-10参照）。顧客体験価値の向上にも結び付くので、DXの取り組みとしても完璧です。サービスのやり方ひとつ取ってもここまで劇的に進化を遂げるので、DX化が外食業界を大きく変えていくのは間違いありません。

一方で、DXの話題になると、「うちはDXをするつもりはない」という経営者とたまに出会います。しかし、勘違いしてほしくないのは、DX化に"する"か"しない"かの選択肢はないということです。DX化を"する"のは当然で、問題はどこを起点にDX化するかということだけです。DXと聞くと、全てがテクノロジー化された店舗をイメージする人も少なくありません。しかし、それはDXの在り方の1つに過ぎません。それぞれの企業で目指すべきビジョンが違うように、DXにも個々の企業に合った進め方があります。

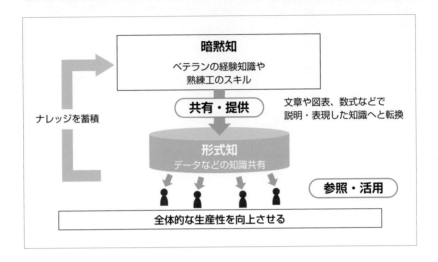

ナレッジマネジメント(図表1-10)

暗黙知
ベテランの経験知識や
熟練工のスキル

ナレッジを蓄積

共有・提供

文章や図表、数式などで
説明・表現した知識へと転換

形式知
データなどの知識共有

参照・活用

全体的な生産性を向上させる

　そもそも飲食店には、オーダーや調理、配膳、バッシング、会計など、さまざまな業務があります。その前後にも販促や予約、リピート促進といった業務もあり、店舗の業態や価格帯、立地などによってそれぞれの業務の重要度は違います。新店なのか、老舗なのか、人気店なのか、不人気店なのかによっても、力を入れるべきポイントが異なります。

　例えば、駅前のそば店では予約業務に力を入れず、リピート販促に力を入れた方が効果的です。また、繁華街にある高価格帯のレストランなら予約業務をテクノロジー化させて、サービスレベルを上げた方が波及効果は大きいです。つまり、課題が異なるので、どの工程を人が行ってどこをテクノロジーに任せるかは、個々の企業で決めていかないといけないのです。しかし、アプローチは異りますが、顧客体験価値を上げるという目指すゴールは変わりません。

　先入観だけでデジタルツールの導入の可否を決めてほしくありません。「うちはサービスが売りの店だから、オーダー業務は人がやります。モバイルオーダーなどのデジタルツールの導入は検討していない」という声をよく聞きます。しかし、それが本当に正解なのでしょうか。

　スタッフがオーダーを行えば、確かにおすすめメニューや店のコンセプトの紹介などを通してコミュニケーションが生まれます。しかしその反面、伝え漏れがあったり、タイムリーに追加オーダーを取れなかったりすることも多いです。混雑していればしているほど、その傾向は高まります。顧客体験価値という観点で見たら、あまりいい手だとはいえません。

　そうした事態を避けるため、サービスに力を入れているからこそ、オーダーはデジタルツールに任せている店もあります。オーダー業務をモバイルオーダーにする代わりに、スタッフはカゴ一杯に季節の商品を入れて客席を売り歩いているのです。店を出た後、オーダーをしっかりと取ってくれたスタッフの名前を覚えている人がどれだけいるでしょうか。一方で、店全体を巻き込んだパフォーマンスを忘れる人は少ないです。顧客体験価値として、どちらの価値が大きいかは明白です。

　しかも、モバイルオーダーなら顧客データもスムーズに取得できます。DXは言葉を変えると、顧客理解のデジタル化だといっても過言ではありません。確かに経営において勘は重要です。しかし、その判断を感覚知だけに頼る時代は終わりました。コロナ禍により、前例が通用しない環境になってしまったからです。判断のベースにデータがないと効果的な決断はできません。そのデータを効率的に集めることができるのは、人よりテクノロジーです。

　また、中食も内食も強敵ではありますが、隙はあります。そもそも当たり前のことですが、コロナ禍で打撃を受けたのは、外食業界だけではありません。事実、コンビニエンスストアもコロナ禍で売上を減らしています（図表1-11参照）。外食業界と同じように、ビジネス街を中心とした店舗の売上が減少しました。しかし、惣菜や冷凍食品などの売上は好調で、業界全体が復活への突破口として大きな期待を寄せています。

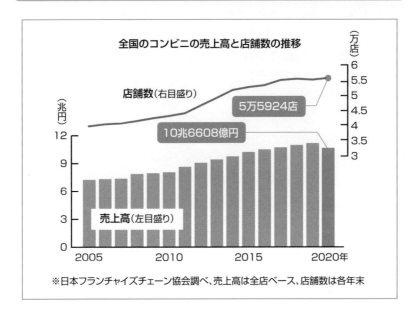

全国のコンビニの売上高と店舗数の推移

※日本フランチャイズチェーン協会調べ、売上高は全店ベース、店舗数は各年末

　一方で、スーパーマーケットはコロナ禍でも好調だった業界と認識されており、データで見ても例年と変わらない堅調な売上を叩き出しています（図表1-12参照）。しかし、全てが好調なわけではなく、惣菜の売上は不振が続いています。2021年になってから惣菜の売上は持ち直していますが、コンビニエンスストアの同部門の好調さと比較すると、両者で客を奪い合っている様子が見て取れます。

　しかし、専門性という点では外食がずば抜けています。実際、多くの外食企業が内食と中食に参入し、強い存在感を放っています。内食では、宅食で売上シェアトップをひた走るワタミ株式会社が展開する「ワタミの宅食」が「ワタミのミールキット」を販売し、在宅時間の増加で高まった料理の時短ニーズを取り込んで成長を続けています。

　中食では「ロイヤルホスト」や「天丼てんや」などを展開するロイヤルホールディングス株式会社の「ロイヤルデリ」が好評です。自社のセントラルキッチンでシェフが手づくりした料理を急速冷凍して販売し、レストラン

コロナ禍でも売上堅調なスーパー(図表1-12)

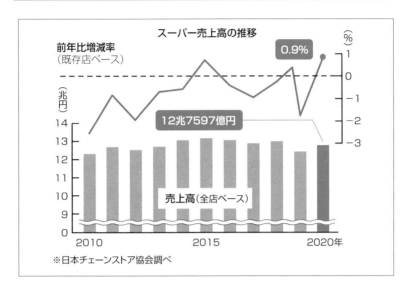

クオリティの料理で他の冷凍食品と一線を画しています。

　ラストワンマイルを巡る攻防でも外食業界の存在感が際立っています。例えば、「東京からあげ専門店 あげたて」で**ゴーストキッチン**の市場を牽引する株式会社 Globridge が"レストランデリバリー"を掲げた挑戦を始めています。飲食店だからこそ提供できる体験をデリバリーでも再現し、他の業界ではできない顧客体験の提供を目指しています。

メモ　ゴーストキッチン

　フードデリバリーの需要が増加したことにより生まれた新しいシステム。接客スタッフは不在で、調理とデリバリーのみを行う。Uber Eatsや出前館などのサービスから注文が入り、調理を行う。

コロナ禍が終息しても外食の需要は以前の 80％しか戻らないと言われています。外食で売上を立てながら、残りの 20％は中食や内食で補填しなければなりません。そのとき DX の考え方が重要です。ここに挙げた事例の裏にも、漏れなく DX の取り組みが隠されています。

　次の章では、なぜ外食業界で DX が必要なのかを、コロナ禍前後の経済環境を踏まえて説明します。あわせて、どうして顧客体験価値の向上が必須なのかを、さらに掘り下げて解説していきます。

2 業界の現状分析と改善の視点

新型コロナウイルスの感染拡大で、外食業は大きなダメージを受けています。この章では、急速な変化を強いられた外食業の現状と課題について説明していきます。

01 コロナ禍がもたらした 外食の変化

連日のニュースで報道される、苦境に立たされる外食業の状況。新型コロナウイルスの感染拡大は、外食業に具体的にどんな影響をもたらしたのかを見ていきましょう。

◇ 急速な変化を迫られる外食業

コロナ禍は現在進行形で外食業界に大きな変化をもたらしています。テレワークの浸透によってビジネス街や繁華街の人流が変わったり、緊急事態宣言やまん延防止等重点措置によって外食の機会が激減したり、複数人での会食が避けられた結果として宴会がなくなったりしました。

こうした影響を受けて、一般社団法人日本フードサービス協会の「外食産業市場動向調査」によると、2020 年の外食業界全体の売上は前年比84.9% と、1994 年の調査開始以来、最大の下げ幅を記録しています（図表 2-1 参照）。

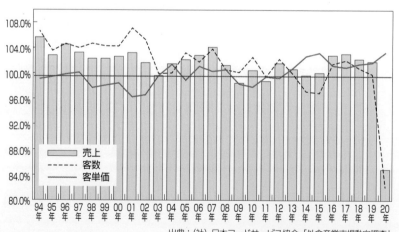

「売上高」「客数」「客単価」の伸び率の推移(図表2-1)

出典：(社) 日本フードサービス協会「外食産業市場動向調査」

　しかも、2021年に入ってからも飲食店はほぼ正常な営業ができていません。東京都を例に取ると、1月8日から3月21日まで2回目の「緊急事態宣言」が発出されました。その後、4月25日から5月31日まで3回目の緊急事態宣言が、そして7月12日から9月30日まで4回目の緊急事態宣言が発出しました。また、緊急事態宣言が解除されていた間も「まん延防止等重点措置」が適用されていたり、全て解除された後も営業時間が制限されたりと、まともな営業ができていないのです。

　こうした制限は、外食業界全体をじわじわとむしばんでいます。その結果、コロナ禍がもたらした変化は一時的なものではなく、恒常的なものとなり、ビジネス構造全体を根こそぎ変えようとしています。特に大きな変化が以下の3つです。

① FLR コストの上昇

　FLR コストは、飲食店を経営する上で重要な指標の1つです。材料費のFood、人件費のLabor、そして家賃のRentのそれぞれの頭文字を取って付けられており、このコスト比率を70%に抑えることが利益を確保するために欠かせません。しかし、コロナ禍により、この公式が崩れ去りました。

　特に決定的に変わったのがRです。緊急事態宣言やまん延防止等重点措置などの影響もあって人流が変化したため、これまで一等地とされてきたビジネス街や繁華街でビジネスが成り立たなくなりました。むしろロードサイドや住宅街に近い立地の方が堅調な需要があり、一等地の考え方そのものに変化が起きています。

　そもそも家賃は周辺相場から決まることが多いです。相場の前提になっているのが「一物五価」とも呼ばれる土地の価格です。ところが、コロナ禍により、その前提自体が通用しなくなっています。つまり、契約した当時の価値がなくなってしまっているのです。人流が変わり、売上が減少したにもかかわらず家賃は変わりません。そんな事態が相次ぎ、ビジネス街や繁華街から撤退する飲食店も増えています。

また、Lの捉え方にも変化がありました。コロナ禍では多くの飲食店が雇用調整助成金を活用し、従業員の雇用を維持しています。その中で、雇用調整助成金でアルバイトの雇用を維持した飲食店も多いです。しかし、それにもかかわらず、たくさんのアルバイトが辞めてしまったという話をよく聞きます。働くこと自体が人の喜びになるため、シフトが不確実な飲食店から他の業界へ人材が流れてしまったのです。一方で、店舗を存続させるためというやむを得ない事情で、アルバイトを解雇した飲食店も少なくないです。

　こうした事情から、アルバイトの働き先として外食業界の魅力が低減しています。ここ数年、人手不足の影響でアルバイトの人件費が高騰しています。今後、コロナ禍が終息したとしても、人材の獲得にさらに苦労する可能性は高いです。それがさらなる人件費の高騰を招くことも十分に考えられます。

　なお、Fも世界的な食料価格の高騰の影響を受け、今後、深刻な影響が出る恐れがあります。すでに食用油の価格が高騰し、飲食店の経営に大きな打撃を与えています。その他にも、食肉や小麦、トウモロコシといった多くの食材が、世界経済のコロナ禍からの回復などの影響を受けて高騰しています。事実、国連食糧農業機関も、2021年9月の世界食料価格が10年ぶりの高水準を記録したと発表しています。

　Fが高騰する要因はこれだけではありません。ここ数年、物流コストの上昇も続いており、それが食材価格に転嫁される可能性もあります。コロナ禍を契機に、海上輸送コストは世界的に上昇しており、それがさらなる食料価格の高騰につながっていくことも否定できません。

　このように、FLRコストの上昇で利益構造自体を見直す必要に迫られています（図表2-2）。開業した頃とは損益分岐点が変わり、対応に迫られている経営者も多いでしょう。そして、以上述べてきた①の変化は、次に紹介する②と相まって、さらに外食業界の構造を変えていきます。

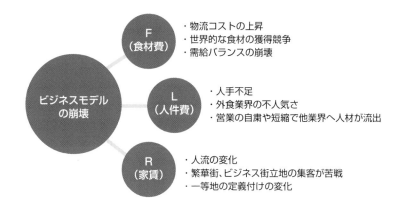

ビジネスモデルの崩壊(図表2-2)

②**外食需要の減少**

　コロナ禍で外食の機会が激減しました。特に苦戦しているのが、アルコールを提供する業態です。株式会社リクルートの外食市場に関する調査・研究機関「ホットペッパーグルメ外食総研」が発表した「コロナ禍での『外食における飲酒機会の増減』に関する実態調査」によると、コロナ禍で「お店で飲酒する機会」が減ったと回答した人が78.9%おり、「コロナ禍で人を飲みに誘うべきでないと思う」と回答した人も48.1%にのぼりました。

　実際、総務省の「家計調査」でも外食の支出が減っていることが明らかとなっており、2019年の食事代が13万8988円なのに対して、2020年は10万5992円と、およそ25%も減少。「ハンバーガー」以外、全ての品目で減っており、コロナ禍が外食業界に与えたダメージの大きさが改めて浮き彫りになっています（図表2-3参照）。

　しかし、コロナ禍が終息しても、テレワークの定着や宴会ニーズの消失などで、外食の需要は以前の70%から80%しか戻ってこない可能性は高いです。つまり、FLRコストが上がっているにもかかわらず、それをカバーできるだけの売上を見込めないということです。

	2015 年	2016 年	2017 年	2018 年	2019 年	2020 年
食事代	133,890	133,728	134,668	135,866	138,988	105,992
日本そば・うどん	6,086	5,959	6,016	6,164	6,554	4,883
中華そば	5,999	6,149	5,968	6,576	7,200	5,565
他の麺類外食	2,268	2,345	2,154	2,283	2,635	1,758
すし (外食)	14,547	14,855	14,677	15,091	14,886	12,751
和食	23,345	23,429	23,433	22,813	22,897	18,262
中華食	4,691	4,826	4,774	4,889	4,850	3,956
洋食	12,912	13,342	13,078	13,424	12,279	8,765
焼肉	6,087	6,859	7,078	7,163	7,004	5,812
ハンバーガー	3,250	3,583	3,748	4,099	4,576	5,100
他の主食的外食	54,705	52,382	53,741	53,365	56,106	39,142
喫茶代	5,973	6,453	6,421	6,761	7,832	5,523
飲酒代	19,305	17,830	17,601	18,861	19,892	9,405

出典：総務省「家計調査」

　そうした状況を踏まえて、より堅調な需要が期待できる住宅地やロードサイドに主戦場を移した外食企業は多いです。また、近年は業態の専門性の高まりやオペレーションの効率化などから、単一業態で勝負をする企業が増えています。しかし、コロナ禍では一本足の経営だとリスクが大きいため、業態ポートフォリオの見直しの必要性に迫られています。その動きは業界全体に広がり、次の③の変化を誘発しています。

③外食、中食、内食の垣根の崩壊

　飲食店の利益構造が変わり、今後しばらくは需要の回復も見込めません。その結果、本書でもすでに触れた通り、外食、中食、内食の垣根の崩壊が起きました。ハンバーガーや唐揚げ、フルーツサンド、ホルモン酒場など、コロナ禍で流行った業態の多くは、事業ポートフォリオを変革した先で生まれています。これからも、こうした試行錯誤から新たな業態が生まれてくるでしょう。

　外食、中食、内食を合わせた、"食"のマーケットは、およそ80兆円あると言われています（図表2-4）。そのうちだいたい40%が外食で、残りの60%が中食と内食です。ということは、開拓すべきマーケットはまだまだ残されています。つまり、コロナ禍を契機に、80兆円のパイを奪い合う競争が始まったといっても過言ではありません。

　中には、「うちは中食、内食には興味がない。外食だけで勝負する」という経営者もいるでしょう。その選択も決して間違いではありません。ただ、押さえておかなければならないのは、外食市場は1997年の29兆円をピークに減少を続けているということです。後ほど詳しく説明するように、市場規模は人口動向との関係が深いので、今後、回復する見込みは薄いです。しかも、外食業界はオーバーストアだと指摘されています。外食業界だけにとどまっても、淘汰の競争には巻き込まれる可能性が高いです。そのとき何を武器に、どのように戦っていくのかは、考えておく必要があります。

　結果として、DX化の流れは必然なのです（図表2-4 参照）。ただし、DX化の流れをつくり出しているのはコロナ禍だけではありません。もともと外食が抱えていた課題も抜き差しならぬ状況まで来ており、そこからのプレッシャーもDX化を語る上で無視できません。

DX化の流れ(図表2-4)

FLRコストの上昇 → 外食需要の減少 → 外食、中食、内食の垣根の崩壊 → DX化

コロナ禍の裏に潜む
外食業界の課題

コロナ禍で、外食業界は大きな変革を強いられました。外食業界はどこに進むべきなのか、どんな課題があるのかを詳しく見ていきます。

◆ コロナ終息後のさらに厄介な問題

　この数年、外食業界には、ずっと指摘され続けてきたものの、なかなか解決が難しい問題がありました。それこそ、「人手不足」と「生産性の低さ」、「外食の価格の安さ」の3点に他なりません。コロナ禍という大きな問題が起きたため、いずれも影を潜めているが、別に解決したわけではありません。それどころか、コロナ禍が終息した後、一層厄介な問題として業界の前に立ちはだかる危険性があります。それぞれについて、詳しく解説していきましょう。

①人手不足

　人手不足の問題は、人口減少という日本社会の大きな変化と、就職先として外食業界が選ばれない現状に大きな原因があります。

　まず人口減少から見てみると、日本は2008年の1億2808万人をピークにして、人口が減少に転じました。国立社会保障・人口問題研究所の推計によると2048年には9913万人となり、1億人を割り込みました。その後、2060年には8674万人まで減少し、2100年には5000万人を下回ると言われています。

　総人口が減っているので、当たり前ではありますが、生産年齢人口の減少も続きます。生産年齢人口とは、生産活動の中心にいる15歳から64歳までの人口のことを指します。生産年齢人口は1995年をピークに減少に転じており、国立社会保障・人口問題研究所の将来推計によると2030年には6773万人、そして2060年には4418万人となり、2015年比で41.8%も減少する見込みです（図表2-5 参照）。

日本の人口の推移(図表2-5)

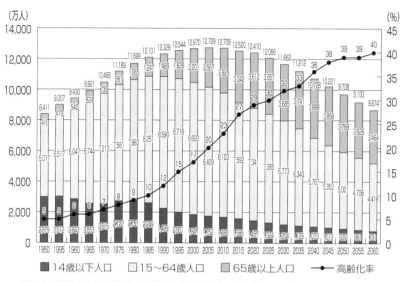

原出典　2015年までは総務省「国勢調査」(年齢不詳人口を除く)、2020年以降は国立社会保障・
人口問題研究所「日本の将来推計人口(平成24年1月推計)」(出生中位・死亡中位推計)

　人口減少社会となり、生産年齢人口が激減する影響は全産業があまねく
受けます。その結果、何が起こるかというと、人材の奪い合いです。その
とき外食業界は著しく不利な立場に置かれる可能性が高いです。それが2
つめの原因の、就職先としての外食業界の不人気に関係してきます。

　ここ数年、大学生に人気の業界は、メーカーや商社、銀行、IT、コンサ
ルなどで、残念ながら外食は上位に入ってきていません。転職市場となる
となおさらです。異業種に転職するとしても、自身のキャリアを踏まえて、
培ったスキルを生かせる業界が選ばれるため、選択肢にすら入ってこない
のです。

　加えて、離職率の高さが状況をさらに深刻化させています。その現状は、
厚生労働省が発表した「令和2年上半期雇用動向調査結果」(図表2-6参照)
に如実に反映されており、外食を含む「宿泊業、飲食サービス業」の離職
率は15.3%と、他の業界に比べて突出して高いです。

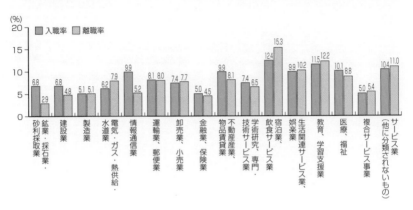

出典：厚生労働省「令和2年上半期雇用動向調査」

　新卒入社の社員でも傾向は変わらず、厚生労働省が2020年10月に発表した「新規学卒就職者の離職状況（平成29年3月卒業者の状況）」では、大卒者の52.6%（図表2-7）、高卒者の64.2%（図表2-8）が「宿泊業、飲食サービス業」に就職したものの3年以内に離職しています。

新規大卒就職者の産業別就職後3年以内の離職率(図表2-7)

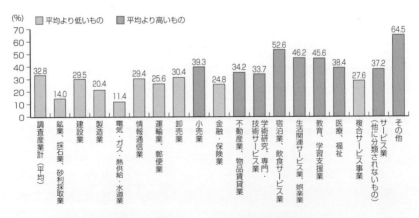

（注）3年目までの離職率は、四捨五入の関係で1年目、2年目、3年目の離職率の合計と一致しないことがある。

出典：厚生労働省「新規学卒就職者の離職状況」（平成29年3月卒業者の状況）

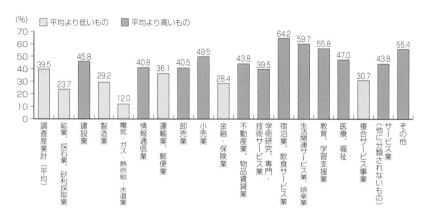

新規高卒就職者の産業別就職後3年以内の離職状況(図表2-8)

(注) 3年目までの離職率は、四捨五入の関係で1年目、2年目、3年目の離職率の合計と一致しないことがある。
出典：厚生労働省「新規学卒就職者の離職状況」（平成29年3月卒業者の状況）

　なぜ外食業界の離職率は高いのでしょうか。その原因をさらに探っていくと、次の②の問題にたどり着きます。

②生産性の低さ

　主要先進諸国の中でも、日本は労働生産性が低い国だと言われています。実際、公益財団法人日本生産性本部が発表した「労働生産性の国際比較2020」によると、日本の時間当たり労働生産性は OECD 加盟 37 カ国中21 位、そして就業者 1 人当たり労働生産性は OECD 加盟 37 カ国中 26位でした（図表 2-9 参照）。

労働生産性の国際比較(図表2-9)

● 就業者 1 人当たり労働生産性　上位 10 カ国の変遷

	1970 年	1980 年	1990 年	2000 年	2010 年	2019 年
1	米国	オランダ	ルクセンブルク	ルクセンブルク	ルクセンブルク	アイルランド
2	ルクセンブルク	ルクセンブルク	米国	ノルウェー	ノルウェー	ルクセンブルク
3	カナダ	米国	ベルギー	米国	米国	米国
4	オーストラリア	ベルギー	ドイツ	アイルランド	アイルランド	ノルウェー
5	ドイツ	アイスランド	イタリア	スイス	スイス	ベルギー
6	ベルギー	ドイツ	オランダ	ベルギー	ベルギー	スイス
7	ニュージーランド	カナダ	フランス	フランス	イタリア	フランス
8	スウェーデン	オーストリア	アイスランド	オランダ	フランス	デンマーク
9	イタリア	イタリア	オーストリア	デンマーク	オランダ	オーストリア
10	アイスランド	フランス	カナダ	スウェーデン	デンマーク	オランダ
−	日本（20 位）	日本（20 位）	日本（15 位）	日本（21 位）	日本（21 位）	日本（26 位）

(資料) OECD Stat データベースをもとに日本生産性本部作成
※現在の OECD 加盟国は 2020 年 4 月のコロンビアの加盟で 37 カ国になったことから、各種比較も 37 カ国を対象としている。
OECD 加盟国のデータは、GDP や購買力平価レートなどの改訂に伴い、過去に遡って随時改訂されている。
そのため、日本および各国の生産性水準・順位も昨年度版報告書とは異なっている。
出典：公益財団法人日本生産性本部

　時間当たり労働生産性は、主要先進７カ国（アメリカ、イギリス、カナダ、フランス、ドイツ、イタリア、日本）で見ると、1970 年以降ずっと最下位の状況が続きます。一方の就業者 1 人当たり労働生産性は韓国、ニュージーランドとほぼ同水準で、1970 年以降で最も低い数字となっています。
　大まかにいうと、労働生産性は、産出した売上や利益などを、投入した労働時間や従業員数といったリソースで割って求められます（図表 2-10 参照）。

$$生産性 \ = \ \frac{産出(output)}{投入(input)}$$

　日本の労働生産性が低い理由は、中小企業で働く労働人口が多かったり、女性の活躍の条件整備が進んでいなかったり、テクノロジーの活用が進んでいなかったりするからです。現に、日本の企業の99.7%が中小企業で、国内の労働力の約70%を占めていますが（図表2-11参照）、その労働生産性の平均値は大企業の労働生産性の平均値に概ね届いていません（図表2-12参照）。

中小企業の占める割合(図表2-11)

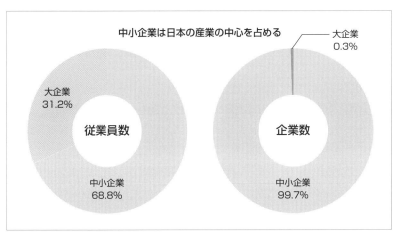

出典：中小企業庁

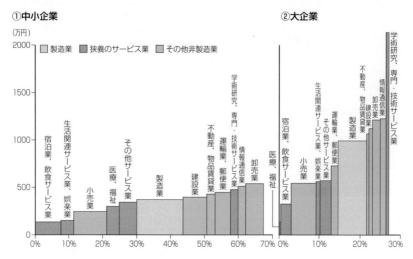

①中小企業　　　　　　　　　　　　　　　②大企業

資料：総務省・経済産業省「平成28年経済センサス-活動調査」再編加工
(注) 1. ここでいう狭義のサービス業とは、日本標準産業分類(第13回改訂)の大分類L～Rに属する業種を指す。
　　 2. 従業者構成比(横軸)の小さい業種について図表上は省略しているため、合計しても100%にならない。
出典：中小企業庁

　特に深刻なのが、外食業界を含む「宿泊業、飲食サービス業」です。もともと外食は労働集約型産業であるだけでなく、即時性のあるサービスが必要なため在庫が持てません。つまり、あらかじめ"サービス"を作っておいて、需要に合わせて提供しながら生産性を高めることが難しいのです。こうした外食業界ならではの特徴が、長時間労働の背景にはあります。その結果、労働生産性が低くなるのはもちろん、利益が出ないため賃金は低いままとなってしまいます。果ては、それが離職率の高さにつながり、①の人手不足の原因になるという悪循環にも陥っています。

　労働生産性を高めるには、労働時間を減らしたり、資本集約型のビジネスモデルに転換したりする大胆な施策が必要です。産出する付加価値が増加すれば賃金が上がり、それがたくさんの労働者を惹き付ける魅力的な業界づくりにつながるでしょう。しかし、外食業界の場合、そう単純ではありません。なぜなら賃金の問題は③の問題と深く関係しているからです。

③外食の価格の安さ

　世界的に見ても日本の外食の価格は安いです。イギリスの経済誌「Economist」が発表している「**ビッグマック指数**」で、その傾向が顕著に出ています。

　「ビッグマック指数」とは、世界各国で展開している「マクドナルド」の看板商品、ビッグマックの価格を比較して、適正な為替レートを算出しようとする指数を指します。ビッグマックは世界中で品質がほとんど変わりません。それにもかかわらず各国で価格が異なるのは、原材料費や人件費といった価格決定要因に差があるからです。「ビッグマック指数」では、そうした性質を活用することで各国の経済力を推測できます。

　2021年7月に発表された「ビッグマック指数」によると、日本は57カ国中31位でした（図表2-13参照）。主要先進7カ国の中で突出して低いだけでなく、実は、日本だけここ数十年で価格が低迷し続けています。なぜ日本ではビッグマックを安く売れるのかというと、企業努力の賜物だからではありません。ただ単純に労働者の賃金が安いからです。これは外食業界に限った話ではありません。日本全体の問題で、経済成長の足かせにもなっています。

　実際、日本の賃金はここ30年ほど上がっていません。厚生労働省が発表した「令和2年版厚生労働白書」の中の「平均給与（実質）の推移（1年を通じて勤務した給与所得者）」でも、1991年のバブル崩壊以降、いかに給与が減少を続けているかが示されています（図表2-14参照）。一方で、その間、社会保険料は上がり続け、消費税も10%になった。労働者の可処分所得が減っているからこそ、外食各社は価格を上げたくても上げることができないのです。

世界のビッグマック指数比較(図表2-13)

順位	国	現地通貨	現地価格(各国通貨)	dollar_ex	価格(ドル換算)	価格(円換算)	ビッグマック指数
1位	ベネズエラ	VES	30164100	3613989.071	$ 8.35	918	47.725
2位	スイス	CHF	6.5	0.92275	$ 7.04	774	24.675
3位	ノルウェー	NOK	57	9.0444	$ 6.30	693	11.544
4位	スウェーデン	SEK	54	8.7165	$ 6.20	681	9.649
5位	米国	USD	5.65	1	$ 5.65	621	0
6位	カナダ	CAD	6.77	1.2741	$ 5.31	584	-5.955
7位	イスラエル	ILS	17	3.29205	$ 5.16	568	-8.603
8位	ウルグアイ	UYU	225	44	$ 5.11	562	-9.493
9位	ユーロ圏	EUR	4.27	0.850159405	$ 5.02	552	-11.105
10位	オーストラリア	AUD	6.55	1.366586949	$ 4.79	527	-15.169
11位	ニュージーランド	NZD	6.9	1.448750453	$ 4.76	524	-15.704
12位	英国	GBP	3.49	0.734672887	$ 4.75	522	-15.922
13位	デンマーク	DKK	30	6.3239	$ 4.74	522	-16.037
14位	ブラジル	BRL	22.9	5.24865	$ 4.36	480	-22.778
15位	シンガポール	SGD	5.9	1.36825	$ 4.31	474	-23.68
16位	クウェート	KWD	1.25	0.3008	$ 4.16	457	-26.45
17位	チェコ	CZK	89	21.80065	$ 4.08	449	-27.744
18位	UAE	AED	14.75	3.67315	$ 4.02	441	-28.927
19位	韓国	KRW	4600	1150.35	$ 4.00	440	-29.225
20位	バーレーン	BHD	1.5	0.377	$ 3.98	437	-29.579
21位	アルゼンチン	ARS	380	96.33375	$ 3.94	434	-30.184
22位	チリ	CLP	2990	759.285	$ 3.94	433	-30.302
23位	タイ	THB	128	32.81	$ 3.90	429	-30.951
24位	コスタリカ	CRC	2370	617.74	$ 3.84	422	-32.096
25位	クロアチア	HRK	24	6.39805	$ 3.75	412	-33.608
26位	サウジアラビア	SAR	14	3.7507	$ 3.73	410	-33.936
27位	ホンジュラス	HNL	87	23.744	$ 3.66	403	-35.149
28位	ニカラグア	NIO	128	35.2063	$ 3.64	400	-35.651
29位	パキスタン	PKR	580	161.1	$ 3.60	396	-36.279
30位	カタール	QAR	13	3.641	$ 3.57	393	-36.806
31位	日本	JPY	390	109.935	$ 3.55	390	-37.211
32位	スリランカ	LKR	700	199.5	$ 3.51	386	-37.898
33位	中国	CNY	22.4	6.4797	$ 3.46	380	-38.815
34位	ポーランド	PLN	13.43	3.90685	$ 3.44	378	-39.158
35位	コロンビア	COP	12950	3842.11	$ 3.37	371	-40.344
36位	グアテマラ	GTQ	26	7.7448	$ 3.36	369	-40.582
37位	ペルー	PEN	12.9	3.9511	$ 3.26	359	-42.214
38位	メキシコ	MXN	64	20.13525	$ 3.18	349	-43.743
39位	ヨルダン	JOD	2.13	0.709	$ 3.00	330	-46.828
40位	ベトナム	VND	69000	23028.5	$ 3.00	329	-46.968
41位	オマーン	OMR	1.15	0.38505	$ 2.99	328	-47.139
42位	ハンガリー	HUF	900	305.64505	$ 2.94	324	-47.883
43位	モルドバ	MDL	52	17.98	$ 2.89	318	-48.812
44位	フィリピン	PHP	142	50.35	$ 2.82	310	-50.084
45位	エジプト	EGP	42.5	15.67	$ 2.71	298	-51.997
46位	香港	HKD	21	7.7729	$ 2.70	297	-52.182
47位	台湾	TWD	72	28.0475	$ 2.57	282	-54.565
48位	インド	INR	190	74.615	$ 2.55	280	-54.931
49位	ルーマニア	RON	10.6	4.1877	$ 2.53	278	-55.2
50位	ウクライナ	UAH	65	27.22	$ 2.39	263	-57.735
51位	マレーシア	MYR	9.99	4.2245	$ 2.36	260	-58.146
52位	インドネシア	IDR	34000	14517.5	$ 2.34	257	-58.549
53位	トルコ	TRY	19.99	8.55725	$ 2.34	257	-58.654
54位	アゼルバイジャン	AZN	3.95	1.699	$ 2.32	256	-58.851
55位	南アフリカ	ZAR	33.5	14.6625	$ 2.28	251	-59.562
56位	ロシア	RUB	169	74.53	$ 2.27	249	-59.866
57位	レバノン	LBP	37000	22000	$ 1.68	185	-70.233

出典：厚生労働省「令和2年度版 令和時代の社会保障と働き方を考える」

平均給与（実質）の推移（図表2-14）

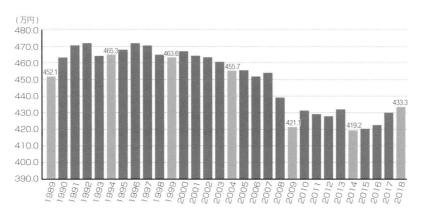

資料：厚生労働省政策統括官付政策立案・評価担当参事官室において、国税庁「民間給与実態統計調査」のうち、
　　　1年勤続者の平均給与を2015年基準の消費者物価指数（持ち家の帰属家賃を除く総合）で補正した。

　そもそも経済成長は人口の増加とイコールの面が強いです。分かりやすい例が先ほどの「ビッグマック指数」のタイです。「ビッグマック指数」で、タイは日本よりも上位の23位に位置しています。近年、タイは急激な経済成長を続け、人口も1960年の2739万人から2028年には6720万人になる見込みです。その後、タイも人口減少社会に突入し、経済も低成長になることが懸念されていますが、それだけ人口動向が社会に与えるインパクトは大きいです。

　つまり、人口減少社会に突入した日本が、これから経済成長をすることは考えづらいということです。加えて、労働生産性も低いので、労働者の賃金は上がりません。その結果、外食業界は価格を上げられないがために給与も上がらず、人手不足と生産性の低さから脱却する手がかりをなくします。少しでも価格を上げられたら、上積みした利益で従業員の給与を上げたり、設備投資に回したりして、企業を成長させていくビジョンも描けるでしょう。結局のところ、①②③が密接に関わり合って問題を複雑化し、外食業界の発展を妨げているのです。

この根深い問題を解決するための突破口はあるのでしょうか。その糸口になりそうなのが"いいものを安く売る"という価値観の転換です。現在、各社が生き残りをかけて、できる限りいい商品を安く売るため企業努力を重ねています。しかし、その結果、安売り合戦となって業界が疲弊してしまい、魅力的な外食業界づくりのために労力をかけられなくなっています。まさに合成の誤謬です。1社にとっては合理的な判断でも、業界全体で見たら不合理な結果を生み出してしまっています。それに、本当に顧客は"いいものを安く買える"ことだけを望んでいるのでしょうか。

　とはいえ、全ての価格競争をやめるのが難しいのも事実です。それではどうすればいいか。その1つの答えが、顧客体験価値の向上を目指す方向に舵を切ることにあります。

CXの時代

外食業界で重要な視点、CX（カスタマーエクスペリエンス）という考え方について、詳しく解説していきましょう。

◆ 顧客体験という新しい評価基準

　顧客体験とは、商品やサービスの機能やスペック、価格といった物理的な価値だけでなく、購入に至るまでのステップや実際の使用感、そして購入後のアフターフォローなどの経験を通して得られる、"感情的な価値"も重視していく考え方を指します。Customer と Experience の頭文字を取って、**CX（カスタマーエクスペリエンス）** と呼ぶこともあります。

　ここでポイントになるのが、感情的な価値とは何かということです。『経験価値マーケティング—消費者が「何か」を感じるプラスαの魅力』という著書で有名なバーンド・H・シュミットは、同書の中で、感情的な価値は次の5つに分類されると記しています。

感情的価値の5分類(図表2-15)

- **SENSE：感覚的経験価値**
  視覚、聴覚、触覚、嗅覚、味覚という五感を通して得られる価値
- **FEEL：情緒的経験価値**
  顧客の感情に訴えるサービスなどにより生まれる価値
- **THINK：創造的・認知的経験価値**
  顧客の知的好奇心を刺激することで生まれる価値
- **ACT：肉体的経験価値とライフスタイル全般**
  食生活をはじめとしたライフスタイルの変化から得られるポジティブな価値
- **RELATE：準拠集団や文化との関連付け**
  集団に対する帰属意識を持つことで生まれる価値

物理的な価値の上に「SENSE」と「FEEL」「THINK」「ACT」「RELATE」の5つの感情的な価値を上乗せすれば、企業は顧客体験価値を高めることが可能です。

先ほど、顧客は"いいものを安く買える"ことだけを望んでいるのか、という問題提起をしました。それがいかに大きな間違いであるか理解してもらえたのではないでしょうか。"いいものを安く"は、価格とスペックに関する物理的な価値を満たしたに過ぎません。その上に、実に多様な感情的な価値を乗せることで、不毛な価格競争から脱することができます。そもそも外食は多様性のある業界なので、安売りだけに価値があるはずがありません。

カスタマージャーニーマップの例(図表2-16)

ペルソナ	35歳男性・既婚・子ども1人（5歳）子どもの誕生日を祝えるレストランを探す			
フェーズ	認知・興味	検討	来店	共有
タッチポイント	SNS 口コミ ペイドメディア メルマガ テレビ・雑誌などのメディア	SNS 口コミ ペイドメディア メルマガ テレビ・雑誌などのメディア	店舗	SNS 評価サイト
行動	Facebookを閲覧 インターネットで検索 知り合いに相談 雑誌を見る	サイトを閲覧 口コミを検索 ペイドメディアの情報を精査 店舗に連絡	店舗へ来店	レビューを書く 知り合いに話す
思考	・家族で楽しく過ごせるレストランは見つかるだろうか ・子どもが喜んでくれるだろうか ・思い出になるような時間をすごせるだろうか	・子どもが美味しく食べられるメニューがあるかな ・子ども連れでも丁寧な対応をしてくれるかな ・評判はどうなんだろう	・評判どおりのいいお店だな ・子どももおいしそうに食べているな ・インスタ映えするメニューがあって妻も笑顔だな	・また記念日に来店したいな ・いい時間が過ごせたな ・サービスのいい店だったな ・料理が美味しかったな
感情				

　とはいっても、どのように5つの感情的な価値を活用したら顧客体験価値が高まるのか、分かりづらいです。そこで役に立つフレームワークの1つが「**カスタマージャーニー**」です。カスタマージャーニーとは、顧客が商品やサービスとどう接点を持って認知をし、その後、どのように関心を持って購入意欲を喚起され、購入や利用に至ったのかのプロセスを指します。それを可視化した「カスタマージャーニーマップ」を活用し、ペルソナを設定した上で、顧客とのタッチポイントごとにどういった施策を打ちながら顧客体験価値を上げていくかを検討していきます（図表2-16参照）。

　現在、Googleが提唱した「**パルス型消費行動**」という、認知した瞬間に購入意欲が湧き上がり、衝動的購入にまで至る消費行動も出てきています。しかし、顧客体験価値の向上を目指す取り組みでは「カスタマージャーニー」のフレームワークはまだまだ有効でしょう。

　顧客体験価値の向上を目指す上で、重要なマネジメント手法が「**OODAループ**」です。OODAループとは、「観察（Observe）」「仮説構築（Orient）」「意思決定（Decide）」「実行（Act）」の4つの単語の頭文字を取った略語で、元アメリカ空軍大佐ジョン・ボイドが考案した、意思決定に関する行動理論を指します。

　マネジメント手法といえば、「PDCAサイクル」が有名です。しかし、PDCAサイクルは明確な課題に対するアプローチには有効ですが、不明瞭な課題には効果を発揮しづらいです。一方で、OODAループは戦場での経験がベースになった理論です。そのため、不明確な状況の中で最適な仮説を立て、最善の判断を下しながら行動を起こすのに適しています（図2-17参照）。コロナ禍でビジネスの前提が崩れ、いまだかつて経験したことのない競争環境にある今だからこそ、とても有効なマネジメント手法だといっても過言ではありません。

　OODAループは観察、仮説構築、意思決定、実行の4つのステップを回していきますが、肝になるのが観察です。ここがずれていると、効果的な仮説が立てられず、たとえ実行に移したとしても効果が薄いものになってしまいます。つまり、OODAループをうまく回していくには、客観的な視点でまずはできる限り情報を集めることが欠かせないのです。

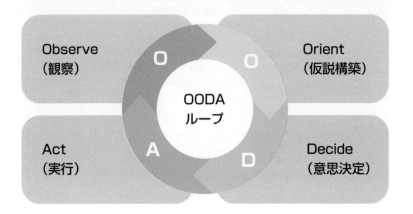

OODAループ(図表2-17)

Observe（観察）　O

Orient（仮説構築）　O

OODAループ

Act（実行）　A

Decide（意思決定）　D

　しかし、人間はどうしても固定概念に捉われ、フラットな視点で情報を集めるのが難しいです。そこで重要になってくるのがテクノロジーの活用です。テクノロジーは主観を挟むことなく、たくさんの情報を収集してくれます。それが自分たちの置かれた状況を極めて正確につかむことにつながり、顧客体験価値を向上させる取り組みにつながっていくのです。

　先ほど、顧客体験価値を向上させるには物理的な価値だけでなく、感情的な価値を重視しなければならないと述べました。飲食店の場合、そうした価値はサービスや料理、ブランディングなどによってつくられており、それが他店との差別化につながるだけでなく、顧客体験価値の向上もスムーズに実現していきます。そのためには、物理的な価値の創出はできる限りテクノロジーに任せて、人は感情的な価値の創出に注力した方が効果的です。要は、顧客体験価値の向上につながる多くの取り組みはDXに結び付いてくるのです。そして、DXがここまで述べてきた2つの大きな問題の解決にもつながっていきます。

　まず、DXによる顧客体験価値の向上で、前節で述べた「コロナ禍の裏に潜む外食業界の課題」の「②生産性の低さ」と「③外食の価格の安さ」の問題を解決でき、必然的に「①人手不足」も解消するでしょう。具体的には次の通りです。

●**生産性の低さ**

　これまで人が行っていた予約管理や発注、シフト作成、会計といった業務をテクノロジーに任せることで、飛躍的に生産性は高まります。そうした業務負担が減った結果、スタッフは顧客体験価値を高めることが可能な、サービスや料理といった感情的な価値の創出にも注力できるでしょう。

　なお、労働生産性は、産出した売上や利益などを、投入した労働時間やスタッフ数といったリソースで割って求めるのは前述した通りです。しかし、だからといって単純にスタッフ数を削れば、労働生産性が高まるわけではありません。むしろ人を削った結果、サービスや料理の質が落ち、客離れが起きて売上が落ちてしまっては本末転倒です。あくまでも業務を削るという視点が欠かせません。

●**外食の価格の安さ**

　ここまで説明してきたように日本の外食の価格は安いです。しかし、そこには本来なら乗っているサービス料が含まれていません。それにもかかわらず、値段以上のサービスを行うのが当たり前だという風潮が外食業界を苦しめています。

　だからこそ顧客体験価値を上げて、付加価値の部分で料金を取るようにした方がいいのです。顧客が特に求めているのは5つに分類された感情的な価値です。OODAループを回したり、カスタマージャーニーマップを活用したりするのはもちろん、テクノロジーも活用しながら顧客に対する理解を深めれば、自店にしかできない価値提供が実現します。そこでしか体験できない価値に、お金を出し渋る人はあまりいません。その事実が値上げの後押しになるだけでなく、他店との差別化にもつながるでしょう。

　この2つの問題が解決したら、外食業界は新たなフェーズに突入することができるでしょう。そのときは必然的に人が集まる魅力的な業界になっており、人手不足の問題も自然と解消しているはずです。

また、2章1節の「コロナ禍がもたらした外食の変化」の①～③については、DXによる顧客体験価値の向上が「②外食需要の減少」をカバーし、「③外食、中食、内食の垣根の崩壊」を勝ち抜く力となることで、結果として「①FLRコストの上昇」を吸収できる企業体質へと変貌を遂げることができるでしょう。その詳細を説明すると次のようになります。

●外食需要の減少

　外食の絶対数が減っている中、大切なのがリピーターの存在です。しかし、リピーターになってもらうには、その店に通い続ける価値を見いだしてもらわなければなりません。そのとき、5つに分類された感情的な価値をいかに届けていくかが大切になります。

　その実現に向けて、テクノロジーの活用により人間がやるべき料理やサービスにスタッフが注力することで、顧客体験価値を高めてもいいでしょう。また、集めた顧客情報を活用して、店舗への帰属意識を高める施策を打つことが効果的かもしれません。どちらにしろ、テクノロジーの活用が勝負の鍵になってくるのは間違いありません。

●外食、中食、内食の垣根の崩壊

　コロナ禍をきっかけに、外食は行きにくくなりました。だからこそ、来店する意義や意味を店側から顧客に提示しなければなりません。そのとき武器になるのが、外食ならではの価値を超えた自店だけの強みです。

　その強みは、カスタマージャーニーを分析することで見えてくるかもしれません。また、OODAループを回すことで磨かれていくことだってあるはずです。そして、強みを高い再現性で発揮し続けるために、テクノロジーの活用は必要不可欠でしょう。

　以上の2つの問題が解決して飲食店の売上が伸びれば、コスト上昇もカバーできます。つまり、「コロナ禍の裏に潜む外食業界の課題」を解決し、「コロナ禍がもたらした外食の変化」に対応するには、DXの推進が欠かせないのです。

　それにもかかわらず、外食業界の多くの企業でDXの推進状況が芳しくないのは、経営者の意識に問題があるケースが多いからです。

そうした経営者に伝えておきたいのは、DX は従業員体験価値の向上にもつながるということです。そもそも現在、アルバイトの主流になっている Z 世代は、デジタルネイティブとして、幼い頃からスマートフォンやソーシャルメディアに慣れ親しんできました（図 2-18 参照）。そのため、デジタルツールを導入しても、驚くほど早く使いこなせるようになるのです。モバイルオーダーやシフト作成ツールを導入したところ、現場のスタッフは導入を心待ちにしていたことがわかった、というケースも多いです。つまり、スタッフはテクノロジーの導入で業務が楽になるだけでなく、本来の仕事に集中できることが働きやすさにつながっているのです。だからこそ、今後、DX がどれだけ進んでいるかが、求職者が職場を選ぶ基準になる可能性も高いです。

　結局のところ、デジタルツールの導入を拒んでいたのは「新人類」「バブル世代」のデジタルツールに慣れ親しんできていない経営者だけでした、という事例も珍しくないのです。

世代の呼称(図表2-18)

生年	
1946～1951年	団塊（70～72歳）
1952～1861年	しらけ世代（65～70歳）
1962～1971年	新人類（50代後半～60代前半） バブル世代（50代前半）
1972～1981年	ロストジェネレーション （30代後半～40代）
1982～1991年	
1992～2001年	ミレニアル：ゆとり（20代）
1990後半～2000年代初頭	Z世代（～22歳）

（年齢層は2019年時点：生年はおおよその目安です）

04 企業理念を進化させるDX戦略の全貌（株式会社ゼットン）

「店づくりは、人づくり　店づくりは、街づくり」。企業理念を進化させる DX 戦略の全貌について、株式会社ゼットンの鈴木伸典社長に聞いてみました。

◇ 株式会社ゼットンの歴史

　「店づくりは、人づくり　店づくりは、街づくり」の経営理念の下、「アロハテーブル」をはじめ、「六七」や「orange」「ヘブンリー・アイランド・ライフスタイル」など、時代をリードする多彩な業態を展開している株式会社ゼットン。2019 年には「葛西臨海公園」（東京都江戸川区）の再生事業を請け負うと、カフェ＆レストラン「PARKLIFE CAFE & RESTAURANT」や「CRYSTAL CAFE」「SORAMIDO BBQ」といったクリエイティブなコンテンツを落とし込んで、見事、公園に新たな価値を付け加えました。そんな同社は近年、DX 戦略にも力を入れ、次世代に向けた体制づくりを進めています。一体、どのようなビジョンを描き、DX でどういった企業になろうとしているのか。その全貌について、代表取締役社長の鈴木伸典氏に語っていただきました。

▼株式会社ゼットン　鈴木伸典社長　撮影／小野瑞希

お客様の予約人数や
来店回数などを把握
しています。

◇ DX推進が時代の必然である理由

> **ここ数年、DX が外食業界のキーワードとして語られています。ま
> ずはゼットンでは DX をどのように捉えているのか教えてください。**

　DX が外食業界で盛んに叫ばれ出したのは、やはりコロナ禍の影響がか
なり大きいと思っています。実際、コスト削減や非接触など、コロナ禍で
求められた時代のニーズと DX が一緒に語られることは多かったのではな
いでしょうか。私自身、コロナ禍になって以降、DX で自社の経営効率を
高めたり、全く新たな業態をつくったりといったニュースを割と頻繁に聞
くようになりました。

　しかし一方で、そうしたアプローチでは外食という枠組みからはみ出す
のが難しく、当社が目指している「地域社会に貢献するホスピタリティ企業」
の実現はできないのではないかと感じています。だからこそ、僕らは DX
の本質をしっかりと掘り下げた上で、ゼットンならではの文脈で DX を語
りながら事業に組み込んでいくべきではないかと考えています。

　どういうことかというと、僕ら自身がもっと自社のブランドを知らなけ
ればならないということです。つまり、普段からゼットンを支えてくださっ
ている顧客の方々を知ること。それこそが当社の DX の取り組みのスター
トであるということです。

> **DX の前に、まずは自社の足元を見つめ直したのですね。**

　はい、その通りです。もともとゼットンはマーケティングよりもフィー
リングを重視した会社です。その理由は、当社の歴史が、外食の発展の歩
みと軌を一にしていることと関係しています。

　ゼットンの創業は 1995 年です。それと前後するように、1990 年代後
半から外食業界ではレストランバブルが起こります。当時、世の中の飲食
店に対する期待度の高さや、メディアの取り上げ方の変化、そして IT バ
ブルに端を発した IPO ブームなどが相まって、外食業界の置かれたポジ
ションが大きく変化しました。そして 2000 年前後からは消費者のニーズ

の多様化が始まり、それに合わせた店づくりが求められるようになります。そうした変化を受けて、1つのコンテンツを多店舗化していくそれまでのビジネスモデルが通用しなくなり、多くの経営者たちがクリエイターにならざるを得なくなりました。

その結果どうなったかというと、データよりもパフォーマンスが優先され、そこから新しいものが次々と生まれていきます。それと同時に、よりパワフルに、よりエネルギッシュに新しい業態を世に出していく経営者に注目が集まっていきました。その風潮は加速度的に広がり、いつしか外食業界を支える価値観にまでなっていたほどです。それを外側から支えていたのが、先ほどのフィーリングを重視したスタイルに他なりません。

そんなわけで、当時は外食に携わる人の全員がクリエイターです。それがゆえに、お客様のデータをストックして経営に生かすというよりも、とにかく新しいものを世に出して「こんなものを求めていたんだ」とお客様から言われることが美徳という時代でした。もちろんゼットンも例外ではありません。

> **時代のニーズがデータよりもフィーリングを重視したスタイルを求めていた一面もあるように感じます。**

そうした一面も確実にあります。だけど結果的に、他のリテールと同じように外食業界も、ここ20年くらいを大量生産・大量消費という時代にしてしまいました。

外食業界よりもかなり前に、たくさんのブランドを作っては撤退するという流れを断ち切った業界もあります。今ではブランドを絞り込んだ上で**MD戦略**＊を行い、売れるものを集中的に売るビジネスモデルを確立させています。そうした意味で、外食業界はだいぶ遅れていて、コロナ禍の影響で他の業界に追い付くべくやっと重い腰を上げた状態です。

＊MD戦略　MDはMerchandisingの略。自社の商品やサービスを販売するにあたって、その販売方法や価格設定を戦略的に設定する活動や計画のこと。

　ただ、マーケティングよりもフィーリングを重視していた時代が決して間違いであったわけではありません。どちらかといったら、時代の変化によって、お客様に喜んでいただく方法が変わっただけです。ですので、データも定量的でビジネスライクなものではなく、お客様と僕らの新しい結び付きだと考えています。だからこそ、決してないがしろにしてはいけません。データを扱うことは、料理をおいしいと言ってもらうとか、店の雰囲気がいいと思ってもらうのと同じくらい大事なことです。そうした変化を踏まえて、データの扱い方をもう少し深く理解することは、これからDX戦略を進める上でも必須ではないかと思っています。

フィーリングが磨かれているからこそ、DX推進に欠かせないデータの活用もスムーズに行えるということですか。

　ええ、フィーリングを重視していた時代を過ごしてきたからこそ磨かれた感性は、他社がまねできないセンスとして確実に社内に蓄積されています。また、外食というビジネスに対してのフィーリングも非常に研ぎ澄まされているのではないでしょうか。現に、飲食の現場を有機的に動かしていくオペレーションを、とても高い完成度で組み立てていくことができるのは当社の強みの1つです。

　それをベースにしながら時代に合わせた変化をするため、データサイエンスを駆使してもっとお客様のことを知るのはもちろん、自分たちが提供しているブランドを知ることを大事にしなくてはいけないと考えています。

◇ ゼットンが推進するDX戦略

今、お話しいただいたような変化を踏まえて、ゼットンではどのような DX の取り組みをされているのか教えてください。

　僕らのメインブランドの「アロハテーブル」がどういうブランドなのかということを数字で語れるように、あらゆるデータを棚卸ししています。「アロハテーブル」は日本でつくったブランドです。誕生してほどなくしてハワイに持っていって、ブランドとして確立させてから再び日本に持ち込んだという、非常にまれなバックグラウンドを持っています。主力商品は 3 年連続でハワイ No.1 の賞を取っている「ロコモコ」です。その他にも、ハワイのワイキキで好評を博している「ガーリックシュリンプ」などのメニューを提供しています。

　こうしたブランドの特徴は十分に理解していましたが、数字で分析をしていくと、僕らにとっても意外な事実が見え出しました。そもそも「アロハテーブル」は業態としてはカフェダイニングです。そのため売上の90％がウォークイン（予約なしでの来店）で、残りの 10％が予約で成り立っています。90％の**ウォークイン**にしても、売上の 70％がカフェで、ディナーは 30％です。「アロハテーブル」は多くの店が 11 時から23 時まで営業していますが、お客様は 11 時から 17 時の間に集中しています。しかもコロナ禍では、11 時から 17 時までに来店されるお客様の単価が 17 時以降に来店されるお客様の単価を上回っていました。

　こうした数字を整理し始めて、何を考えたかというと、営業時間に対する疑問です。「アロハテーブル」というブランドを作って 16 年間、僕らは商業施設に出店するときも町場（市街地）にオープンさせるときも、11 時から 23 時の営業時間をデフォルトにしてきました。しかし、数字で見ると、適切な営業時間だといえない店があるのも事実です。例えば、ディナー帯の売上は全体の 10％ほどしかありません。ならば、20 時に閉めたとしても売上にあまり影響はないでしょう。その代わり、11 時のオープンを 10 時に早めた方が、売上が上がる可能性もあります。

　数字でブランドを棚卸ししていくと、そういった新たな発見がたくさんありました。それを踏まえて、現在、フィーリングで組み立ててきたオペレーションをデータに基づいて微調整し、売上アップはもちろんコストダウンにもつなげています。

ブランドの分析時、どんなツールを活用しているのでしょうか。

　株式会社 TableCheck のデータ分析ツール「Insight」を活用しています。「Insight」を活用すると、店舗ごとの予約人数をはじめ、来店回数や予約のリードタイム、経由媒体などを把握することが可能です。そうしたデータのおかげで、当社でもお客様のニーズをある程度予測しながら、より確度の高いコース提案などをすることができるようになりました。しかし、こうした取り組みは、他社でも行っているでしょう。そこで僕らは、もう一歩踏み込んだデータの活用を行っています。

具体的にどのような活用をされているのかお聞かせください。

　「アロハテーブル」はとてもコンセプトが際立ったブランドだからこそ、特徴的な使われ方をしています。先ほど、「アロハテーブル」の1日の売上や、時間ごとのお客様の構成などについてお話をしました。それを年単位で見ると、さらに興味深い事実が判明したのです。

　コロナ禍前の話になるのですが、「アロハテーブル」は年間 150 万人近くのお客様にご来店いただき、当社の国内売上のうち約 30 億円弱をつくってくれていました。注目は、150 万人という数字です。この数字が、奇しくも1年間でハワイに旅行する日本人の数とニアイコールになっています。コロナ禍前、日本からハワイへの旅客数はおよそ 150 万人から 160 万人でした。そのうち 60% から 70% が、年に複数回もハワイに行く人たちです。

　一方で、ゼットンはハワイのワイキキに6店舗を展開していて、いずれも大繁盛店です。アメリカ版の食べログと言われている「Yelp」でハワイ No.1 のブレックファーストに「ヘブンリー・アイランド・ライ

フスタイル」が輝いて、2番手に「GOOFY Cafe & Dine」が付けている状況が4、5年続いています。

　「アロハテーブル」はお客様の75％が日本人で、残りの25％が欧米人です。一方の「ヘブンリー・アイランド・ライフスタイル」と「GOOFY Cafe & Dine」は真逆で、80％がアメリカ人やオーストラリア、カナダなどから来た旅行客で、残りの20％を日本人が占めています。

　しかし、皆、ゼットンが運営している店だと知ってくださっています。ですので、「アロハテーブル」や「ヘブンリー・アイランド・ライフスタイル」「GOOFY Cafe & Dine」はもちろん、2019年にオープンした「ZIGU」や「アロハステーキハウス」といった新ブランドにも慣れ親しんでくださっていて、「ゼットンが何をやるのか」と心待ちにしている方が少なくありません。その層の人たちは、ゼットンが日本でも「アロハテーブル」を展開していることも知っています。つまり、国内の150万人いる「アロハテーブル」のお客様のトラフィックをどう分析していくかで、ブランドが取るべき次の一手が見えてくるのです。

外食企業として枠を超えるような新しい取り組みになりそうですね。

　経営を効率化するためにDXが必要だという外食企業は多いと思います。もちろん、僕らも経営効率を高めるためにDXを推進し、売上と利益の向上を目指していくつもりです。ただ、本当にやりたいのは「アロハテーブル」を駆使して "HAWAII LOVERS" が何を求めているのかというマーケティングを行うことですので、そちらも積極的に取り組んでいきたいと考えています。

　その結果、何が起こるかというと、例えば海沿いのリゾートエリアの開発事業を手がける企業や自治体に、僕らのデータを提供できるようになるでしょう。つまり、「アロハテーブル」のデータが街づくりにも生かされるわけです。もしリテール企業と僕らのマーケティングデータをシェアしたら、本当に開発すべき商品が見えてくるかもしれません。また、旅行会社とシェアをしたら、これまでにないアプローチのトラベルプランをつくることもできます。

フィーリングを
大事にしています。

◀アロハテーブル

　そうした取り組みの先に、当社が掲げる「店づくりは、人づくり　店づくりは、街づくり」という理念の実現もあるでしょう。

なぜ、DXの推進が理念の実現を力強く支えていく取り組みが可能なのでしょうか。

　ええ、「アロハテーブル」を、ただの飲食店として捉えていないからこそできる取り組みではないでしょうか。「アロハテーブル」は、リアルハワイを目指しているブランドです。それを再現するため、料理やドリンク、インテリアはもちろん、サービスのテンションやエネルギーにまでこだわっています。つまり、オペレーションやサービスにこそ、他社と差別化できる当社の本当の強みが詰まっているのです。料理やドリンクだけでブランドを捉えていたら、データサイエンスは無理だったでしょう。

　今まで僕らは「アロハテーブル」をフィーリングでつくってきました。だけど、フィーリングを徹底的に研ぎ澄ましながらハワイへの飽くなき探究を続けてきたからこそ、データを駆使したより精度の高いマーケティング方法を確立することができたと思っています。ですので、僕らは自分たちの研ぎ澄まされたフィーリングと、それを裏付ける定量化されたデータを駆使してビジネスの精度を上げていきながら、コロナ禍以降を戦い抜いていくつもりです。

◇ コロナ禍を超えて、新生ゼットンの誕生

DX について、これから力を入れていく取り組みはありますか。

　現在、ゼットン独自のシステム開発を検討しています。リアルタイムでどのテーブルに何人座っていて、どんなものがオーダーされていて売上はいくらなのかが、店舗ごとに分かるシステムです。それによって、店舗運営から飲食店経営にまでつながる数字のタイムラグをできる限り排除したいと思っています。

　そもそも、どんな環境下に置かれても、企業は前進を続けたり体力を養ったりしなければいけません。逆にいうと、人間と一緒で常にリスクにさらされていて、いつ経営危機に陥ってもおかしくない状況に置かれています。そうした中、経営者は常に先頭を走りながら、会社が病気にならないように努めたり、病気になってしまったらどうやって治療するのか考えたりといった役割も担わなければなりません。

　僕らも 2015 年から 2016 年に業績悪化を経験しました。そのとき、会社のどこが悪いのかを探るために行ったのが、全社員との面談です。僕自身がスタッフと面談をしながら、組織のどこに疾患があって、どんな処方をすればいいのかを考え抜きました。しかし、もっと早く必要な情報を把握できていたら、全社員と面談する必要はありませんし、経営危機にも陥らなくて済んだでしょう。

過去の経験をシステムに反映して、さらなる進化を目指していく、と。

　はい、当時、特に重視したのが財務諸表です。優秀な企業ほど、月次の締めのスピードがとても速いと言われています。なぜなら、月次が速ければ速いほど会社の容態がすぐに分かって、適切な処置が打てるからです。

　当たり前ですが、POS レジが締まった段階で、その日の営業は終了しています。戦いはもう終わっているので、そこから指示をしたとしても売上を変えることはできません。しかし、もしリアルタイムで数字を把握できたら、もっとダイレクトに状況を変えることができるでしょう。もちろん

現場に店長はいますが、エリアマネージャーのような上長たちが、より早く各店舗の状況を把握できたら、売上や客数の向上など効果的な処置をスピーディーに行うことができます。

　また、予算の初期段階のドラフトは AI が作成することになると思います。これまでの経験や勘に頼って立てるわけではありません。そのため、ステークホルダーに対しても有益な情報となるでしょう。つまり、システムが完成したら、本部と現場で役割分担ができるということです。遠隔地からリアルタイムに店舗の数字を把握できたら、現場はお客様に、本部はマネジメントに集中でき、よりスムーズに売上を上げながらブランド価値の向上を実現することができます。

　それだけではありません。システムを導入したら、売上の上がる席とそうでない席のパターンが見えてくるでしょう。その結果、店舗設計がロジカルになって、自分たちの勝ちパターンの物件をよりスムーズに取得できるようになるだけでなく、より高効率な席レイアウトも可能になるはずです。

　これまでと全く別のアプローチで、店づくりの在り方が大きく変わりますね。

　はい、実をいうとプロトタイプの運用で早くも新しい発見がありました。僕らが展開している店舗の 90％にテラス席があります。そのため季節係数が重要なのですが、その詳細を具体的に知っているスタッフは誰もいませんでした。何月から季節係数が顕在化して何月で終わるのか、誰も正確に言えなかったのです。

　また、テラスの利用シーンも、テラスを目的に来店したのか、来店してみたらたまたまテラスがあったのか、といった利用動機も分かっていませんでした。しかし、プロトタイプの運用で、売上の構成費はもちろん、季節係数が何月から顕在化して何月で終わるのか、お客様の利用動機は何か、といったことが分かってきています。

　ただ、それだと現状が分かっただけです。そのデータをテラスの商品化までつなげていかないといけないと考えています。「アロハテーブルの

○○店のテラスでお茶を飲もう」となることが重要です。そういう状況がつくれたら、テラスをどうデザインすべきかが決まってきます。それに合わせて、また店舗のレイアウトも変わってくるでしょう。

DXの推進が外食業界全体に広がっていったら、飲食店の経営そのものがさらに進化していくと感じています。鈴木社長は、どう考えていらっしゃいますか。

　今、外食企業は、外食という領域だけでビジョンを描いている場合ではありません。今まで、外食産業はプロダクトありきの考えでした。しかし、プロダクトをオペレーションやサービスに転換したときに生まれるパフォーマンスを語っていかないと、業界が前に進んでいかないでしょう。

　例えば、世界的に有名なタイヤメーカー「ミシュラン」は、もうタイヤメーカーではありません。彼らはインテリジェントセンサーを付けたタイヤを貸して、走った距離や積んだ重量をはじめ、ドライバーがどんな道を走ったかといったことまでデータを取って、他の企業に提供しています。タイヤというプロダクトをサービスに転換して、そのパフォーマンスから新しい価値を生み出しているのです。

　外食も同じ取り組みを行うことができます。外食をプロダクトにとどめなければ、僕らが起点になって他の業界のイノベーションを誘発していくことも不可能ではないでしょう。外食業界の発言権を強めるためにも、業界のイノベーションは必須だと考えています。

ゼットンとしては、今後のDX推進のプランをどのように描いているか教えてください。

　極論をいうと、便利なシステムは誰でも開発ができるでしょう。だからこそ、重要なのは活用の仕方です。そこで感性が生かされます。ある意味、科学と感性は表裏一体です。科学と感性を踏まえた思考の結果、ゼットンにしか導き出せない答えが出ると考えています。

　僕らが目指しているのは、テクノロジーを駆使したオペレーションと、サステナビリティの融合です。それがゼットンのDX推進のひとつのゴールになるでしょう。ですので、まだスタートラインにも立っていません。引き続きDXを推進しながら、ポストコロナ時代もゼットンが時代をリードする企業であり続けられるように取り組んでいきたいと思っています。

▼株式会社ゼットン　鈴木伸典社長　撮影／小野瑞希

コロナ終息後も時代をリードする企業でいたいですね。

memo

3 導入・改善・成功事例

外食企業への取材を基に、DXの導入事例・改善事例・成功事例を多
数紹介していきます。

01 外食の現場で進むDX化

外食の現場ではどんな DX が展開されているのか、業務別に整理して紹介していきましょう。

◇ SaaSの登場とDXの推進

　ここまで解説してきたように、外食業界の前には多くの問題が立ちはだかっている一方で、SaaS の登場によってリーズナブルに活用できるテクノロジーが増えました。そうした背景を踏まえて、現在、企業規模を問わず、多くの企業がテクノロジーの活用を進め、DX の推進に向けて試行錯誤を続けています。

　それでは、外食各社はどのような DX の推進をしているのでしょうか。そこで本章では、先ほどのカスタマージャーニーを、飲食店の現場に合わせてさらに細分化した上で、そこに付随する業務も織り交ぜながら図を作成しました（図表 3-1 参照）。それに合わせて、以下の 14 の業務について、具体的な事例を紹介していきましょう。

飲食店の業務(図表3-1)

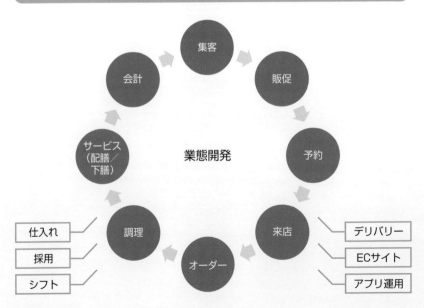

　すぐに自社でも取り入れることができる取り組みも多いです。そうではない事例についても、取り組みの狙いや効果まで触れているので、恐らく何かしらの気づきがあるはずです。ぜひ自社の DX 推進の参考にして下さい。

①集客
紹介サービス：**業務支援ソリューション GATE**
（株式会社イデア・レコード）
事例：株式会社一家ダイニングプロジェクト
②予約
紹介サービス：**AI レセプション**（株式会社エビソル）
事例：俺の株式会社
③販促
紹介サービス：**favy サブスク**（株式会社 favy）
事例：三井不動産株式会社、株式会社フォーユー
④仕入れ
紹介サービス：**BtoB プラットフォーム 受発注**
（株式会社インフォマート）
事例：株式会社クリエイティブプレイス
⑤ POS レジ
紹介サービス：**K1 くん**（株式会社アプリラボ）
事例：株式会社 Sunrise
⑥モバイルオーダー
紹介サービス：**O:der Table**（株式会社 Showcase Gig）
事例：合同会社 also
⑦採用
紹介サービス：**Timee**（株式会社タイミー）
事例：株式会社 NATTY SWANKY
⑧シフト作成
紹介サービス：**Air シフト**（株式会社リクルート）
事例：有限会社鳥小屋

⑨**調理**

　紹介サービス：**駅そばロボット**（コネクテッドロボティクス株式会社）

　事例：株式会社 JR 東日本クロスステーション フーズカンパニー

⑩**サービス**

　紹介サービス：**Servi**（ソフトバンクロボティクス株式会社）

　事例：ワタミ株式会社

⑪**デリバリー**

　紹介サービス：**Ordee**（株式会社 Mobile Order Lab）

　事例：株式会社串カツ田中ホールディングス

⑫ **EC サイト**

　紹介サービス：**スースーデリ**

　事例：株式会社 SUU・SUU・CHAIYOO

⑬**アプリ**

　紹介サービス：**スシローアプリ**

　事例：株式会社 FOOD & LIFE COMPANIES

⑭**業態開発**

　紹介サービス：**トレタ O/X**（株式会社トレタ）

　事例：株式会社ダイヤモンドダイニング

株式会社 一家ダイニング プロジェクト

外食業の要となる集客の問題を飛躍的に解決する、イデア・レコード社が提供する GATE サービスと、それを採用した（株）一家ダイニングプロジェクトについて詳しく見ていきましょう。

◇DXで集客の問題を解決

　株式会社一家ダイニングプロジェクトは、1997 年 10 月に有限会社ロイスカンパニーとして、代表取締役社長の武長太郎氏が設立。その後、2000 年に商号を株式会社一家ダイニングプロジェクトに変更して株式会社化。2012 年 8 月には「The Place of Tokyo」をオープンさせ、新事業となるブライダルに参入しました。17 年 12 月には東証マザーズへ上場、そして 20 年 3 月には東証一部上場を果たします。「屋台屋博多劇場」、「大衆ジンギスカン酒場ラムちゃん」「韓国屋台ハンサム」など、人気ブランドを多数展開しています。

　一家ダイニングプロジェクトでは、**イデア・レコード**社の外食ビジネス向け業務支援ソリューション「GATE」のサービスを利用し、集客の問題を解決しています。グルメサイトなどのペイドメディアからの脱却を図り、MEO ＊ を活用した集客、リピーターをファン化する取り組みも行われています。

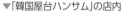

▼「韓国屋台ハンサム」の店内

「GATE」の導入で、集客の問題をクリア！

◈ 脱ペイドメディアを目指した取り組み

　　ＪＲ常磐線・東武野田線の柏駅（かしわ）から徒歩4分。繁華街と住宅地が交わるエリアにある店舗に連日、多くの客が集まっています。ディナーはもちろんランチも人気で、営業が始まる11時半前から開店を待っている客の姿も目立ちます。コロナ禍で外食離れが深刻となっている中、圧倒的な集客を実現しているその店舗こそ、株式会社一家ダイニングプロジェクトの運営する「韓国屋台ハンサム」です。

　　現在、世間では第4次韓国ブームが起きており、その波は外食業界にも押し寄せています。コロナ禍の勝ち組業態である焼き肉や寿司、唐揚げと並び、韓国料理の存在感が高まっています。その分、競争も激しくなっていますが、同店は2021年4月26日にオープンするや否や、瞬く間に人気店の仲間入りを果たしました。その人気を集客面から支えているのが、株式会社イデア・レコードの提供する外食ビジネス向け業務支援ソリューション「GATE」に他なりません。

　　同サービスは「自社販促・集客」や「店舗オペレーションの複雑化」「コスト負荷」といった店舗が抱える課題を、網羅的に解決するサービスとして知られています。20年12月時点で6468店が導入するなど、外食業界での知名度は高いです。

　　同サービスの導入のきっかけについて、一家ダイニングプロジェクトの執行役員で営業本部長を務める池田大樹氏は次のように話しています。

　　「イデア・レコードのサービスを初めて導入したのは、2019年秋頃のことです。当時、**ペイドメディア**＊からの予約が主流になっていて、各グルメサイトからの予約をまとめるWEB台帳が欲しいと思っていました。そのとき出会ったのが予約管理システム『GATE Reserve』（旧・お席トットくん）です。現場での使いやすさ、管理側の使いやすさ、そして成長に合わせて拡張していける汎用性の高さ。この3つの視点からイデア・レコードのサービスに魅力を感じ、使い始めました。ここ数年、外食業界を取り巻くテクノロジーの変化のスピードはとても速いです。

＊**MEO**　Map Engine Optimization の略。
＊**ペイドメディア**　企業が費用を支払って広告を掲載するメディア。

その中で、イデア・レコードは変化に合わせながら、当社のやり方にカスタマイズしたサービスを提供して課題を解決してくれます。集客もその1つです。ペイドメディアに依存した集客から、自社サイトを中心とした集客への移行を実現する上で、とても大きなサポートをしてくれました。」

◇ MEO戦略で際立つイデア・レコードの強み

数年前まで、飲食店の集客といえばグルメサイトをはじめとしたペイドメディアが中心でした。しかし近年、ペイドメディアを活用した集客が敬遠されています。原因は費用対効果の低さです。ペイドメディアは高い掲載料を払っても、確実に集客できるとは限りません。加えて、掲載料金だけでなく、グルメサイト経由で予約があった場合に送客手数料も取られるなど、費用の負担が重たくなってしまいます。ここ数年、原材料費などのコストの高騰で、飲食店は無駄なコストをかけられなくなっています。そうした背景がある中で、ペイドメディアを活用せずに集客を行う流れが主流になりつつあります。

代わって存在感を高めているのが、Twitter、インスタグラム、TikTokといったSNSや、Googleなどの検索エンジンです。中でも、無料で運用できるとあって、多くの飲食店が「Google マイビジネス」によるGoogle検索の活用に力を入れています。

しかし、Googleをはじめとした検索サイトでは、ペイドメディアのSEO戦略にはかないません。対策にかけている金額が全く違うので、そこで戦うこと自体、効果的でもないのです。ところが近年、ユーザーの店選びの仕方が変わってきているため、Google検索でも勝機が見え始めています。

その突破口になっているのがMEOです。MEOとは、Google Mapの地図エンジン最適化を指します。数年前までは、検索サイトで「エリア 業態」を検索しても、結局、上位表示されるグルメサイトから飲食店を探す流れが大半を占めていました。しかし最近は、「エリア 業態」のように検索した後、ページ上部に表示されるマップから気になる店を探す人が増えているのです。つまりSEO対策の効果は薄れ、代わりにMEO戦略が重要になってきているといっても過言ではありません。

一家ダイニングも MEO に力を注いでいます。その要になるのが、ブランドの店舗ごとのホームページです。現在、ほとんどの企業がコーポレートサイトを持っていますが、それぞれのブランドや店舗のサイトとなると、持っている企業はあまり多くはありません。そんな中、同社では「屋台屋博多劇場」や「大衆ジンギスカン酒場ラムちゃん」など、いくつもの人気ブランドを展開しており、それぞれのブランドのホームページもつくっています。その上で、各ブランドの店舗ごとのサイトも個別に設け、MEO 検索でしっかりと引っかかる仕掛けを施しています。そうした施策を一手に引き受けて行っているのが、イデア・レコードの「GATE 集客強化パック」です。

　ペイドメディアから自社サイトを中心とした集客に移行した背景を、池田氏はこう説明しています。

　「当社が MEO 戦略に力を入れ始めたのは、3 年ほど前からです。ペイドメディアは、新規顧客を集客したいとき、無類の強さを発揮してくれます。しかし、ペイドメディア経由で来店されたお客様がリピーターになるかどうかは分かりません。リピーターが増えないと、ペイドメディアへ掲載料を払い続ける状況は変えられません。集客のために割引クーポンなども出しているので、新規顧客を獲得するコストは莫大です。

　一方で、当時、リピーターへの還元はあまり力を入れて行えていませんでした。リピーターの方は、当社のブランドの魅力を理解した上で来店してくださる良質なお客様です。それにもかかわらず、新規の方にはお金をかけて、大切なリピーターには何も還元できていないアンバランスさに違和感を覚え、自社サイトを中心とした集客に切り替えました。その上で、新規集客に使っていたコストをリピーターへの還元に活用し、顧客満足度を高めていける取り組みを行っています。」

　MEO 戦略は、Google のアルゴリズムをある程度理解していないと実施が難しいです。しかし GATE シリーズなら、イデア・レコードの方で、どのキーワードで検索に引っかかるかはもちろん、コーポレートサイトからブランドサイト、店舗サイトに至るまでホームページのメニューや営業

時間の変更なども全て行ってくれます。

　また、自社サイトからの予約も、「GATE Reserve」と連携しておけば、自動配席まで済ませてくれるので手間が一切かかりません。コロナ禍で需要が高まったテイクアウトの予約も店舗サイトで行えます。そのデータをPOS に連携すると、どんな人がどのくらいの頻度で、どのような商品を購入してくれているのか、といった管理もスムーズにできます。限られた人手で店舗運営をしなければならない外食企業にとって、そのメリットはかなり大きいでしょう。

◇ 一家ダイニングのリピーターのファン化戦略

　自社サイトを中心に新規集客することで、一家ダイニングはリピーターをファン化する取り組みに力を注いでいます。月に1回来店していたお客に、週1回、週3回と来店の頻度を上げてもらえるように、リピーターだけが恩恵を受けるイベントやお得なキャンペーンなどを実施しているのです。リピーターの囲い込みではアプリを活用し、同時に顧客データも蓄積しています。

　緊急事態宣言の解除後、売上の戻りが早いのは、リピーターの多い店舗です。今後、外食の需要がコロナ禍前のレベルまでは戻らないと言われている中、リピーターの存在は従来以上に重要になります。だからこそ、一家ダイニングの事例から学ぶ点は多いのです。

　GATE シリーズを活用した MEO 戦略の利点は、これだけではありません。現在、外食業界では業態での差別化競争が熾烈になった結果、ストーリーでの細分化が進んでいます。しかし、ペイドメディアの場合、店舗情報のフォーマットが決まっているので、自店の魅力を存分に伝えることができません。また、Twitter やインスタグラムなどでの発信だと細切れになってしまい、魅力的なストーリーをつくったとしても、それを伝える場が不足しているのです。こうした流れからも、ブランドのホームページをつくることの重要性は増しています。

　「韓国屋台ハンサム」も例外ではありません。同店には、韓国の屋台を再現した店内や種類豊富な韓国料理など、多くの魅力が詰まっています。そのストーリーを伝える手段として、ペイドメディアだといまひとつもの足

りません。しかし、自社サイトだと、動画を活用したり、それぞれのメニューの詳細を説明したり、SNSと連携させたりと、ブランドに込められたストーリーをあらゆる角度から伝えることができます。そこに席予約のボタンもあるので、ブランドを理解した上で利用するお客が増え、その後のリピーター化、ファン化にもつながりやすい仕組みができあがっています。

　集客を起点にしながら、販促やファンづくりの方法なども変えた一家ダイニング。同社では、DX戦略を積極的に推し進め、壮大なビジョンの実現を目指しています。それについて、池田氏はこのように語っています。

　「僕らは、"おもてなし大国ニッポンで、日本一のおもてなし集団"を目指しています。その実現に重要なのは、お客様へのサービスです。だからこそ、それ以外の業務をテクノロジーの力で削減し、スタッフが力を一層発揮しやすい環境を整えていきたいと考えています。」

活気に溢れる店内！

◇ GATEのサービス概要

　GATEには「GATEモバイルオーダー」や「GATE集客強化パック」「GATE Reserve」「GATE CALL」「GATE CHAT」「業務自動化」「コールセンター」「SMS配信」「SEM」「O2O」など、数多くのメニューが並んでいます。

　それらをまとめたパッケージもありますが、必要なメニューだけを選んで契約できるので、ピンポイントで課題の解決を図ることもできます。

　また、GATE を語る上で欠かせないのが、サービスのリーズナブルさです。同社がサービスの開発から運用まで全て自社で行っているので、余計なコストをかけていません。その分、求めやすい価格でサービスを提供しているため、中小の外食企業からの人気は特に高いです。

　さらに GATE は多くのサービスを提供しているからこそ、それぞれを連携させることでより大きな波及効果をもたらすことも可能です。例えば、自社サイトと POS、モバイルオーダー、予約台帳など、店舗で活用しているシステムと紐付けることで顧客データが蓄積できます。それを活用することで、顧客満足度の高いメニューを開発したり、より効果的な販促を行ったり、経営の効率を高めたりと、一歩進んだ施策が実現できるでしょう。

　今後もイデア・レコードは、飲食店が抱える課題を解決するため進化を続けていきます。それに合わせて、GATE の進化は続いていきます。

「GATEモバイルオーダー」のサービス概要(図表3-2)

コラム 業務支援をワンストップでサポートするイデア・レコード

　株式会社イデア・レコードの創業は 2012 年にさかのぼります。新進気鋭の飲食店経営者たちが店舗数を競うように伸ばしていた頃です。しかし、成長に伴って会社の規模が拡大すると、予約管理や販促、集客など、営業以外の業務もしなければならなくなりました。しかし、多くの飲食店経営者はバックグラウンド業務が得意ではありません。また、プレイングマネージャーとして現場に立ちながら経営をする経営者もたくさんいたため、そこまで手が回らないケースも散見されました。そこで同社では、そうした飲食店経営者をサポートするため、販促や集客のための WEB サイトの構築と運用業務をスタートさせたのです。

　同社が創業時から大切にしてきたのは、まさにこの、飲食店経営者に二人三脚で寄り添う姿勢に他なりません。店舗業務で生じる課題を解決することで、飲食店の成長ドライバーとしての役割を果たしてきたのです。

　実際、WEB サイトの構築と運用業務を開始した後も、コールセンターの予約受付業務や予約管理システムの開発など、その時々で経営者を悩ませていた課題に対する解決策を提供してきました。

　それが実現できたのは、自社でエンジニアを抱えているからです。外注せず、自社で開発から運用まで対応できるからこそ、より効率的で使いやすいサービスへとアップデートできます。飲食店の現場の要望や課題をくみ取ってシステムに落とし込むことができるのも、社内の開発体制があったからです。

　同社を代表するサービスである外食ビジネス向け業務支援ソリューション「GATE」は、そうした流れの中で生まれています。飲食店が抱える課題を網羅的に、かつスピーディーに解決できるため、ある意味、同社の集大成となるサービスだといっても過言ではありません。

俺の株式会社

画期的な予約システムの導入で、リピーターが続出。固定ファンを増やすことに成功した「俺の株式会社」について詳しく解説していきましょう。

◆ DXで予約システムを改善

　俺の株式会社の前身となる VALUE CREATE 株式会社は 2009 年に設立され、外食業に参入。2011 年に「俺のイタリアン」「俺の焼肉」「俺のフレンチ」と立て続けにオープンさせると、一気に業界内での存在感を高めました。その後、2016 年には「俺の Bakery & Café」をオープンさせて、ベーカリーに参入。2020 年には公式オンラインショップ「俺の EC」や、テイクアウト専門店「俺の Grand Market」を立ち上げるなど、常に話題を振りまきながら、新たな挑戦を続けています。

　俺の株式会社では、エビソル社の「**AI レセプション**」を取り入れています。AI が電話予約に応対してくれて、店舗スタッフの負担が軽減されました。スタッフが応対する電話は重要なものばかりなので、顧客満足度の向上につなげられました。また、予約の機会損失が減り、店舗の売上の最大化が実現しました。

▼「俺のGrill & Bakery（大手町）」の店内

AI レセプションの導入で、煩雑な予約システムを改善！

◆ AIレセプション"さゆり"のポテンシャル

「お客様のご用件はお席のご予約でしょうか？」

　予約を取るため店舗に電話をすると、流暢（りゅうちょう）な日本語でこう告げられました。希望日時を告げた後、人数と電話番号、名前を聞かれ、それぞれに回答すると予約が完了します。当たり前にある飲食店への予約のシーンですが、電話口の向こうに人はいません。予約の電話に応対しているのは、"さゆり"と名付けられた AI です。

　従来の自動音声だと、途切れ途切れだったり、会話のテンポが遅かったりしてストレスが多かったのですが、"さゆり"は人が話しているのかと聞き間違えるほどクオリティが高いです。そのため、電話応対中も人の手がかからないので、店舗のスタッフは目の前にいる客へのサービスに注力することができます。

　このサービスこそ、株式会社エビソルの予約／顧客管理サービス「ebica」の持つリアルタイム空席情報と、LINE 株式会社の電話応対 AI サービス「LINE AiCall」を連携させて誕生した「AI レセプション」です。

　俺の株式会社の展開する「俺の Grill & Bakery（大手町）」（現在は「Grand Maison ORENO」）では、2019 年 11 月からの実証実験を経て同サービスを活用した店づくりを行っています。導入の背景について、同社専務執行役員の山田真輔氏はこう話しています。

　「2018 年 8 月 31 日のオープン以来、大手町の『俺の Grill & Bakery』はたくさんのお客様にご来店いただき、おかげさまで皆様に愛される店舗になりました。一方で、お店が混雑すると、新たな課題も出てきます。その 1 つが電話応対です。ピーク帯になると店舗のオペレーションで手一杯となってしまい、電話応対の質が下がってしまうことがありました。

　当社では基本的に 1 店舗 1 回線しか設けていません。しかし、予約の電話だとしても、2、3 分はかかってしまいます。「ebica」で希望の日時の空席を確認して、空いていなかった場合、別の時間帯を案内した方がいいケースもあるため、もっと長い時間がかかってしまうでしょう。スタッフも電話応対をしている間は、店内のサービスが行えません。

それどころか休憩時間でも電話がかかってきたら応対せざるを得ないので、勤務方法としても不適切です。そうした状況を改善するため、AIスタッフ"さゆり"の活用を始めました。」

とはいえ、最初、AIが電話応対することに店舗のスタッフは懐疑的でした。しかし、"さゆり"を導入してすぐにその認識は変わり、今では多くのスタッフが信頼を置いています。何といっても、"さゆり"はクオリティが高い。店にかかってくる電話の60%は"さゆり"による応対だけで完結しており、残りの40%が店舗に転送されますが、その内容は「誕生祝いのための特別対応希望」や「アレルギー対応」といった重要な用件となります。つまり、それだけ"さゆり"がスムーズに機能しているという証左に他なりません。人による応対が必要な電話のみスタッフが応対することで、電話応対の省力化につながり、客に親身に寄り添ったサービスの実現が可能となります。

そもそも、店のことをある程度分かっていないと、電話応対はできません。そのため、電話応対ができるようになるまで、スタッフにもある程度の教育が必要だということです。しかし、AIの応答なら、常に一定の品質を保てます。AIが「ebica」で空席情報を確認し、満席時は他時間の案内や、グループ他店の空席案内までしてくれるため、紙の台帳を使うよりもスムーズで間違いもなく、グループ全体の売上最大化にも貢献します。

"さゆり"の導入後、電話応対の回数が減ったことで、スタッフは人にしかできない仕事に集中できるようになり、サービスのレベルが上がりました。それがまた大きな差別化となり、売上の向上にも結び付いています。

"さゆり"の導入は客からも好意的な意見が多いです。これまで忙しい時間に店に電話をかけることに苦痛を感じていた客もたくさんいました。"さゆり"なら、そうしたストレスもなくスムーズに予約ができるので、顧客満足度は上がっています。

とはいえ、"さゆり"の音声が聞き取れなかったり、意図と違う返答で会話がかみ合わなかったりするケースもあるでしょう。その場合は、途中でお店に電話を転送してくれます。「ebica」上では、"さゆり"と客の通話ログも参照することができるため、スタッフは、転送される前の会話を確認しながら電話応対することも可能です。

AIレセプション"さゆり"(図表3-3)

◆ ebicaを軸につくられるリピーターのファン化施策

もともと「俺の Grill & Bakery（大手町）」が「AI レセプション」の実証実験に参加したきっかけは、予約管理システムをエビソルの「ebica」に切り替えたことと深い関係を持っています。

創業以来、俺の株式会社ではリピーターをファン化する施策に力を入れてきました。客が新たな客を呼ぶという流れを生み出すことで、いくつもの繁盛店をつくり上げてきたのです。それを実現する上で、客へのメール配信が重要な役割を果たします。しかし、以前利用していた別の予約台帳は CRM *（顧客関係管理）システムのメール配信サービスと予約台帳のデータ連携がうまくできず、配信にかなりの時間を取られていました。そこで、連携がスムーズな「ebica」に切り替えた、という経緯があるのです。

＊**CRM** Customer Relationship Management の略。

　とはいえ、メールを配信するためには、顧客データの獲得が欠かせません。そこで同社では、電話予約の割合を減らすため WEB 予約へ誘導する施策に注力しましたが、それでも電話予約の割合は高かったのです。電話予約だとメールの配信先となるデータが取得できません。ところが、エビソルの「ebica IVR ＊」という機能を活用すると、電話予約からも顧客データをスムーズに取得することができます。IVR とは、電話の自動応答システムのことです。「お電話ありがとうございます」と自動音声が応答した後、プッシュボタンのアナウンスがあり、携帯電話に SMS の予約フォームが送付されます。そこに必要な情報を入力してもらえたら、予約と同時に顧客情報も取得できるのです。

　ですが、ここまで突き詰めて環境を構築しても、直近の予約は電話で受けざるを得ません。また、固定電話からの予約だと、SMS を送れないという事情もあります。そこで「AI レセプション」を導入して、こうしたケースに備えると共に、人の手がかからない体制をつくり上げました。

　メールの配信については、同社では配信回数は気にしていません。客にとって有益な情報かどうかにポイントを置いて配信を行っています。客のセグメント分けをした上で、全社、業態、店舗とそれぞれ個別に配信を行っており、反響は大きいです。例えば、「Grand Maison ORENO」で、あるフランス映画とコラボレーションした試写会の案内を送ったところ、総数の 70 席が配信翌日には埋まりました。毎週、メールが届くのを楽しみにしている客もいて、しばらく配信がないと「最近メールが送られてこないのですが」と問い合わせをしてくれるケースもあるそうです。

　今後、同社では ebica に蓄積される来店履歴や顧客データを活用して、もっと 1 人 1 人の客に寄り添ったサービスをしていこうと考えています。そのため、モバイルオーダーの活用や EC サイトとの連携などを行い、さらに広範な顧客データを蓄積できる体制を整えていきます。その先に描いているプランは OMO ＊の実現です。OMO は、オンラインとオフラインの壁がなくなったマーケティングを指します。

＊IVR　Interactive Voice Response の略。
＊OMO　Online Merges with Offline の略。

ここ数年、エビソルでも、まさに OMO の実現に力を注いでいます。「飲食 OMO 事業 ビジョン 2023」を掲げ、予約管理の全自動化を成し遂げると共に、飲食店の顧客体験価値の向上を目指しているのです。全自動化の実現には、3 種類の動線に応対しなければなりません。1 つ目が電話予約、2 つ目が WEB 予約、そして最後がウォークイン客です。現在、WEB 予約はもちろん、電話予約も「AI レセプション」の登場で自動化が進みます。残るウォークイン客についても、客が席に着いたら「ebica」に自動登録されるよう、POS レジとの連携はすでに実用化されています。現在は、AI カメラなどとも連動して即時に情報を反映させる技術の検証を重ねている最中です。もしそれが実現したら、リアルタイムの空席情報をベースに、ネットとリアルの垣根を越えたシームレスでスマートな集客・予約・顧客管理が可能となります。加えて、テクノロジーが応対してくれる領域が増えるので、その分、スタッフは人がやるべき仕事に集中できるようになって、さらなる省人化に結び付くでしょう。

　「AI レセプション」のインパクトは、まだほんの序章に過ぎません。

ファンやリピーターを
つくれるスグレモノ！

▼ebica レストラン・飲食店向け管理システム

04 三井不動産株式会社、株式会社フォーユー

ファンづくりに有効な販促手段で、既存客だけでなく、新規顧客へもアプローチする三井不動産、株式会社フォーユーについて詳しく見ていきましょう。

◆ DXで販促や新規顧客開拓の効率をアップ

　三井不動産株式会社は、商業施設をはじめ、オフィスビル、新築分譲マンションや一戸建てなど多様な事業を手がけ、不動産業界において売上1位に君臨しています。商業施設事業では「Growing Together」というコンセプトの下、日本全国の地域・コミュニティに合わせ、多種多様な施設を手がけています。

　株式会社フォーユーは、2002年に熊本で創業し、2011年、株式会社フォーユーとなりました。「博多餃子舎 603」をはじめ、「博多餃子舎 鉄なべ」や「やきとりのとり吉」「あご出汁 餃子ゆでタン ANTONIO」など、幅広いブランドを展開しています。

　三井不動産とフォーユーでは、株式会社 favy の「favy サブスク」を取り入れ、ファンづくりに有効な販促を展開し、既存客だけでなく新規顧客へもアプローチし、定期的な売上を確保しています。

▼「COREDOサブスク」が使えるCOREDO室町（運営：三井不動産）

サブスクは外食業でも導入されています。

◇ 外食業界でも広がるサブスクリプションサービス

　ここ数年、Amazon プライムや Spotify、Netflix など、いわゆる**サブスクリプションサービス**を利用する人が増えています。サブスクリプションとは、商品やサービスが一定期間、定額で使い放題になるサービスを指します。現在、音楽をはじめ動画や雑誌といった幅広いジャンルでサービスが提供され、高い人気を誇っています。

　矢野経済研究所の調査によると、2020 年度のサブスクリプションサービスの国内市場規模は消費者支払額ベースで 8759 億 6000 万円となり、前年度比で 28.3％も増加しました。市場が伸びている背景には、所有から体験へという社会的なニーズの変化や、高額で高品質な商品・サービスをリーズナブルに利用できるお得感などがあり、今後も拡大していくことは間違いありません。実際、矢野経済研究所の調査では、2023 年度には 1 兆 1490 億円の市場規模になると予想されています。

　サブスクリプションの流行の波は、近年、外食業界にも押し寄せています。その大きな理由が販促に他なりません。コロナ禍で、販促のやり方はもちろん、何を販促するのかも変わりました。コロナ禍前なら、「大規模宴会可能」や「飲み放題」などのキーワードをフックにプランを打ち出せば、ある程度の集客が実現できていたでしょう。しかし、コロナ禍になって以降、大人数の集まりも長時間の滞在も難しくなり、そうしたプランは打ち出しにくくなりました。

　また、販促のターゲットも新規顧客ではなく、既存客に軸足が移っています。コロナ禍前には、新規顧客をどんどん集客して店の売上を立てる方法が通用していました。しかし、コロナ禍になってから、世の中の外食の絶対数が減って、新しい店にも行かなくなっています。そんな中で店を存続させるには、既存客との関係性を大切にして、1 人でも多くファンになってもらうしかありません。そうした背景がある中で、ロイヤリティを高める施策としてサブスクリプションに対する関心が高まっています。

　しかし、サブスクリプションは始めようと思っても、サービスの構築は難しいです。そこで存在感を高めているのが、株式会社 favy の提供する「favy サブスク」です。同社ビジネスディベロップメント div. の久野慶太氏は、飲食店がサブスクリプションサービスを活用するメリットをこう話

しています。

　「飲食店がサブスクリプションサービスを活用するメリットは２つあります。それが来店頻度の向上、そして常連とのつながりの構築です。
　来店頻度の向上でいうと、ある居酒屋では月に１回程度だった来店頻度が、サブスクリプションを導入したことで2.5回に向上しました。サブスクリプションでは、常連だった方が会員になるケースが多くあります。加えて、『元を取らないと』という気持ちも働き、来店回数が増えるという効果があるのです。リピーターに対する施策が求められている今、これほど効果的なものはなかなかないでしょう。
　また、常連とのつながりの構築でいうと、サブスクリプションでは顧客情報の取得ができます。ペイドメディアやSNSを活用した販促手段では、お客様の名前や連絡先の入手ができず、継続的な関係性を築くことができません。しかし、サブスクリプションなら、登録時に顧客情報を入力する必要があるので、それを活用して良好な関係性を築いていくことができます。」

　favyは「飲食店が簡単に潰れない世界を創る」というビジョンを掲げ、2015年７月に誕生した企業です。その誕生以来、自社でも店舗を運営してノウハウをためながら、外食に特化したマーケティング支援を行ってきました。favyサブスクも、サブスクリプション型コーヒーショップ「coffee mafia」や「29ON」などの運営を通して得たノウハウを、サービスに落とし込んでいます。
　なお、サブスクリプションは、2019年に「サブスク」が流行語大賞にノミネートされ、「サブスク元年」と呼ばれるほど市民権を得ました。その中でfavyサブスクのサービスモデルは2016年10月にはできあがっていたので、世間的に見てもかなり早いです。
　まさに、外食業界のサブスクリプションの歴史を切り開いてきたといってもいい同サービス。現在、導入店舗数が増え続け、その活用のステージも広がっています。コロナ禍で営業自粛や時短営業を求められ、飲食店の売上は安定していません。また、感染状況によって大きく客足が変わることも多く、仕入れやシフトなどの調整も困難を極めています。そうした観

点からも、サブスクリプションのような定期的に売上が入るビジネスモデルに対する関心は高いといえます。

　本稿ではアプローチの異なる2つのケースを取り上げて、そのサービスの可能性を見ていきます。

◇ CASE 1：三井不動産が展開する商業施設での活用

　江戸時代に整備された、東海道、日光街道、奥州街道、中山道、甲州街道から成る五街道は、物資や人、情報の行き来を活発にし、江戸の文化の発展に寄与したと言われています。その起点となった日本橋も、当時、江戸の商業の中心地として栄えました。しかし、その後の歴史の中で、日本橋はかつてのにぎわいを失った時期もありました。顕著な例が、日本橋の上に架かる首都高速道路です。国の重要文化財としての価値も、その景観で損なわれており、現在、かつての輝きを取り戻すべく首都高速の地下化工事が進みました。

　ここ数年で大きく動いた日本橋の再生ですが、長年、エリア全体の再生と活性化を牽引してきた企業があります。それが三井不動産株式会社です。「残しながら、蘇<ruby>よみがえ</ruby>らせながら、創っていく」をコンセプトに、官民地域一体となった「日本橋再生計画」を推進。2004年にオープンした「COREDO日本橋」を皮切りに、「日本橋三井タワー」「COREDO 室町1」「COREDO 室町2」「COREDO 室町3」「COREDO 室町テラス」といった商業施設をオープンさせ、多様な人々でにぎわう「人」が主役の街づくりを行ってきました。COREDO をはじめとした商業施設は集客力が高いため、入居を希望するテナントも多いです。

　一方で、コロナ禍を契機に商業施設と飲食店の関係に変化が起きています。新型コロナウイルスの感染拡大を受けて人流が変わり、ビジネス街や繁華街の都市型商業施設の集客はかなり落ちてしまいました。そうした中、三井不動産は favy サブスクを活用して「COREDO日本橋」と「COREDO 室町1・2・3・テラス」「日本橋三井タワー」「三井二号館」で、「COREDO サブスク」というサブスクリプションサービスを開始し、商業施設と飲食店の新しい関係を築いています。

　それについて同社アーバン事業部の角彰子氏はこう説明しています。

「コロナ禍になって以降、世の中が飲食店に行きづらい状況となってしまいました。その状況は商業施設に入る飲食店様も変わりありません。私たちも家賃をいただいているにもかかわらず、その前提となっているお客様が来ない状況になってしまいました。商業施設として、店舗様が売上を上げられるように販促を行おうと考えましたが、3密の回避や営業時間の短縮などを踏まえた施策をしなければなりません。しかし、越えなければならない課題が多くあるからこそ、それぞれの店舗様が個々に取り組むのではなく、施設全体として何か施策を打ち出した方が効果的だと思いました。そこで思い付いたのがサブスクリプションです。サブスクリプションは固定のファンづくりに役立つツールとして知られています。そうした強みを生かして、まずは売上を上げるサポートを行いたいと思い、favyサブスクの導入を決めました。」

かつてfavyは「新宿ミロード」で、参加店舗のドリンクが月額500円で毎回無料となる「新宿ミロード ドリンクパス」を運用したことがあります。その取り組みを通して、三井不動産はfavyサブスクを知り、商業施設に入るテナントを巻き込んで活用できる仕組みに興味を持ちました。

導入にあたっては、サブスクリプションのプラットフォームはもちろん、favyが抱えている会員数にも魅力を感じて意思決定をしています。favyのユーザーにリーチすることができれば、ファンづくりだけでなく、新規顧客の集客にもつながると判断したのです。

一方で、施設全体でサブスクリプションを導入することは、利用者にとってのメリットも大きい。それについて、角氏は次のように話しています。

「COREDO室町をはじめとした日本橋エリアの当社商業施設は、複合ビルになっていて、上層階にはオフィスも入っています。ですので、そこで働いている方々の中には、商業施設に入る店舗を毎日ご利用くださる方も多いです。だからこそ、月額のサブスクリプションサービスがマッチすると感じていました。1店舗単位ではなく施設全体でサブスクリプションサービスを提供することで選択肢も増えるので、利用者の方にも喜んでいただけるでしょう。私たちは店舗様にも、上層階で働く方々にも、三井不動産のビルに入居していてよかったと思っていただきたいと考えています。そ

れを実現できるツールとして、favy サブスクの力はとても大きいです。」

　COREDO サブスクには「複数店舗で利用できるプラン」と「店舗オリ ジナルプラン」の2プランが用意されています。複数店舗で利用できるプ ランは、favy の担当者の知見も借りながら三井不動産が企画を担当し、プ ランに賛同する飲食店が参加するという流れで、「いつでも贅沢！ドリーム 肉プラン」「たまには贅沢！肉プラン」「コーヒープラン」「オフピークプラン」 の4つがそろいます。

　一方で、店舗オリジナルプランは店舗が自由に内容を企画でき、「ガヴィ アルカレープラン」や「房家ランチプラン」など、それぞれ店の特色を前 面に出したプランが並んでいます。favy サブスクの運営にかかる費用は三 井不動産が負担しているので、店舗側は無料でサブスクリプションサービ スを活用することができます。最新の DX の取り組みには興味があるもの の、自社だけだと躊躇してしまうケースは多いでしょう。しかし、すでに プラットフォームが用意されていたら活用もしやすいし、そこで得た知見 を他の店舗にも応用できます。もしサブスクリプションが新たな販促方法 として確立できたら、競争力の強化につながるでしょう。

　これまで、店舗が商業施設に入居するメリットとしては、ブランディン グや集客、売上に関することが多くを占めていました。しかし、三井不動 産の運営施設では最新のノウハウの共有という新たなメリットが生まれて おり、こうした流れが外食業界の DX 化を力強く支えていくことは間違い ありません。

◆ CASE 2：「嵯峨谷」が挑戦する立ち食いそばのサブスク

　株式会社フォーユーが運営する「嵯峨谷」は、立ち食いそば店として高い評価を獲得しています。同ブランドの強みは、そばのクオリティの高さです。立ち食いにもかかわらず、店内にある石臼でそば粉をひき、できたてのそばを提供しています。そうしたこだわりのそばを350円から提供しているとあって、ファンが多いです。

　しかし、コロナ禍になり、渋谷や秋葉原、浜松町など、ビジネス街や繁華街で店舗を展開していた同ブランドも打撃を受けました。そこで、既存顧客の来店を促進しながら新規顧客も獲得しようと考えたものの、現金しか使用できない券売機を活用していたり、SNSなどの販促も行っていなかったりと、お客の情報を自社で持っていませんでした。

　それでも何かできることはないかと思考を巡らせ、目を付けたのが株式会社福しんの展開するラーメンチェーン「福しん」の取り組みです。同店ではfavyサブスクを活用し、月額500円で餃子が毎日食べられるサブスクリプションサービス「福しんギョウザ定期券」を導入し、大きな話題を集めていました。その取り組みを「嵯峨谷」で応用すれば、既存顧客のロイヤルティを高めると共に、新規顧客にもアプローチできると思い、favyサブスクの活用を始めました。

　その背景について、同社「嵯峨谷」責任者の中川耕治氏はこう語ります。

　「『嵯峨谷』は立ち食いそばという業態の性格上、これまで積極的な販促活動は行ってきませんでした。ブランドの誕生以来、大切にしてきたのは価値ある商品を提供することです。値引きをしない代わりに、そうした商品を提供することで、お客様の信頼を獲得してきました。ですので、販促を行うのは初めてです。結果として、favyサブスクの活用により、顧客体験価値はぐんと向上しました。Twitterなどでの評判もよく、私たちのアプローチが常連客を中心とした多くのお客様に受け入れられていると感じています。」

「嵯峨谷」では「いつでも麺大盛無料会員」（200円／月）と「いつでもかきあげ無料会員」（300円／月）、「いつでも麺大盛＆かきあげ無料会員」（500円／月）の3商品をサブスクリプションで提供しています。会員の平均来店頻度は月7回です。20回利用している人もいて、外食の絶対数が減っている中、驚異的な数字を叩き出しています。その成果から見て、常連客のファン化に成功しているといっても過言ではないでしょう。

　同社ではこうしたプランを、favyからデータを提供してもらって自分たちの手でつくりました。とはいえ、サブスクリプションのサービス設計は難しいです。価格が低過ぎたら利益が上がらないし、高過ぎたら購入してもらえません。原価や想定来店回数から損益分岐を導き出して、適切な価格設定を行う必要があるのです。

　フォーユーでは、お客が元を取れるお得感と店舗側の負担のバランスを考え、350円の最低注文金額を設定し、サービスの設計を行いました。6店舗でサービスの提供を行い、1店舗で1日1名の会員を獲得し、1カ月で計180名を集める計算でスタートしたところ、300名弱の会員が集ま

▼「嵯峨谷」のサブスク

> 「いつでも麺大盛り＆かきあげ無料会員」（500円／月）でもりそばを注文。

りました。

売上は、全て最低金額での注文でもプラス 60 万円以上が確保できます。緊急事態宣言などの影響で外食業界全体の売上が落ちている中、favy サブスクの存在は心強いです。favy サブスクでは平均 4.5 カ月ほど加入し続けるため、会員数が増えれば増えるほどメリットは大きくなります。

favy サブスクは、現場で働くスタッフからの評判もいいです。中川氏もスタッフからの反応を次のように話しています。

「サブスクリプションの運用では、1 回のがっかりのダメージが大きく、すぐに退会にもつながってしまう可能性があります。そのため、いつ来ても安定的にサービスを提供できる体制づくりが大切です。だからこそ、オペレーションに負担がかかったら、使い続けることはできません。favy サブスクはお客様のスマホの画面を見せていただくだけなので、通常のオペレーションの中にスムーズに落とし込むことができました。現場に負担を与えることなく、既存客のさらなる来店促進と、新規顧客の獲得ができたので、スタッフからの評判も上々です。」

現在、同社では時間限定やドリンクメニュー、10 回以上の来店によるアップグレードなど、いろいろな切り口でのサブスクリプションサービスを考えています。店舗が抱える課題に対して、サブスクリプションが解決手段の 1 つとして定着しているのです。それを踏まえて、中川氏は、今後の展開をこのように描いています。

「favy サブスクの運用を通して、お客様が喜んでくださることに、私たちの存在価値があると改めて気付かされました。まずはお客様に喜んでいただくことが先決です。私たちは一過性の商売ではなく、10 年、20 年と続いていくビジネスをしています。その先もさらに長くビジネスを続けていくためにも、ファンを 1 人でも多く増やせるように取り組んでいきたいです。」

株式会社クリエイティブプレイス

発注から支払いまでの期間を劇的に短縮。スマートフォン、タブレットなどでいつでも発注ができるシステムを導入する、クリエイティブプレイスについて見ていきましょう。

◇DXで発注から支払いまでの期間を劇的に短縮

　　株式会社クリエイティブプレイスは、2012 年の創業以来、「新しい当たり前を作る」の理念を掲げ、「日本酒原価酒蔵」や「五反田鮨 SUSHI TOKYO 81」「鮨 一」といった高級寿司店を展開。飲食店の展開以外にも、飲食店経営が学べる日本初のオンラインスクール「Food Business School LEO」の運営や、再来店促進アプリ「**リピつく**」の開発などを行っています。

　　株式会社クリエイティブプレイスでは、**BtoB プラットフォーム受発注**のシステムを導入。発注から支払いまでの期間を劇的に短縮し、スマートフォンやタブレットなどでいつでも発注できるようにした上、FL コスト（材料費・人件費）をリアルタイムで把握することも可能にして、利益の出る組織づくりを行っています。

▼「五反田鮨 SUSHI TOKYO 81」外観

発注から支払いまでの
プロセスを改善します。

◇多くの外食業が活用するBtoBプラットフォーム受発注の強み

インフォマートが提供する「BtoB プラットフォーム」です。BtoB プラットフォームは、「商談」から「受発注」「規格書」「請求書」「見積書」「契約書」「業界チャネル」「TRADE」の８つのシステムで成り立っています。中でも外食業界で多く利用されているのが受発注システムです。パッケージとして、受発注をはじめ、請求書、規格書、商談のサービスが利用でき、2020 年の流通金額はなんと 11 兆 2690 億円に及びます。

現在、BtoB プラットフォーム受発注を利用している飲食店は居酒屋、レストラン、ホテルなど 6 万店を超えています。しかし、いくら発注側がたくさん利用していても、卸問屋の方の登録が進まないと、サービスとして成り立ちません。そうした中、BtoB プラットフォーム受発注は 3 万 8000 社以上もの卸問屋が利用しています。この数字にこそ、インフォマートの強みが詰め込まれているといっても過言ではありません。サービスの強みの源泉について、株式会社インフォマート、フードマーケティング部セールスマーケティング課課長の石塚賢吾氏は、次のように説明しています。

「BtoB プラットフォーム受発注とは、企業間の商取引を電子化するサービスです。サービスを開始した 2003 年当時、発注書や納品書、請求書は紙でのやりとりが主流でした。しかし、確認したい数字は同じであるにもかかわらず、企業ごとにフォーマットはばらばらです。そのため確認作業が煩雑となってしまい、ミスもたびたび起こっていました。さらには税法上、請求書などは一定期間保管しないといけません。そのスペースの確保や管理の大変さなども、課題に感じていた外食企業が増えつつありました。

こうした状況を受けて、統一のフォーマットで買い手と売り手がやりとりすることで業務を効率化してもらおうと考え、BtoB プラットフォーム受発注をリリースしました。サービスをリリースした当初、力を入れたのは飲食店側の利用促進です。飲食店に利用してもらって、その取引先にも利用してもらう。その繰り返しで、徐々にサービスの利用者を増やしてきました。するとある時点からは、業務が楽になった卸問屋から、取引先の飲食店も電子化してもらいたいという要望を受けるようになり、サービスの利用者数がどんどん増えていった、という歴史があります。」

ここで、飲食店の仕入れ業務の流れを整理しておきましょう。仕入れ業務の主な登場人物は、外食企業の経理や購買といった「本部」および「店舗」、卸問屋やメーカーといった「取引先」の3者です。もし BtoB プラットフォーム受発注を使っていなければ、仕入れは次のような流れになります。

　まず、発注は各店舗で電話や FAX を使って行います。このとき、発注先が多いとそれだけ業務量は増えてしまい、20 社あるなら電話や FAX を 20 回しなければなりません。

　一方で、卸問屋やメーカーといった取引先は、電話や FAX で発注を受けたら、自社のシステムなどに入力しながら受注処理を行った上で、納品書を持参して現場に納品します。納品があったら、各店舗は現場で検品作業を行い、日次や月次の仕入れ報告と共に、納品書を本部に発送します。本部は、納品書が届いたら買掛金と合っているか確認を行います。もし取引先から送られてきた請求書と店舗から報告された数字が合っていなかったりしたら調査をした上で金額が確定し、取引先への支払いが実施されます。この間、店舗によって多少の違いはありますが、およそ 15 営業日くらいかかってしまいます。

　しかし、BtoB プラットフォーム受発注を利用すると、全て WEB 上で完結するので、支払いまでの流れがとてもスムーズに進みます。そもそも、利用するデバイスはパソコンでもスマートフォンでもタブレットでも構いません。しかも、いつもの取引先やいつもの商品が分かりやすく並んでいるので、数字を選択するだけで発注が完了します。複数社への発注も1回の作業でできるので、手間がかかりません（図表 3-4 参照）。

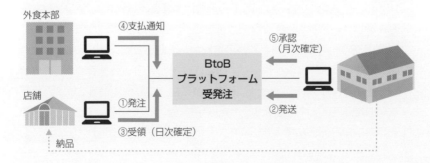

BtoBプラットフォーム受発注の仕組み（図表3-4）

　一方で、卸問屋やメーカーといった取引先も、BtoB プラットフォーム受発注の WEB 上で受注処理ができるので、自社のシステムに受注内容を入力しなくて済みます。納品の際も、電子的な納品書を発行しているので、紙の納品書を渡す必要がありません。店舗側は、正しく納品されていたら、BtoB プラットフォーム受発注上で受領処理のボタンを押すだけです。それで、日々の仕入れ金額が確定していくので、月次の作業が楽になります。本部側も、どの店舗が、いつ、どんな商品を購入したのかリアルタイムで把握できるだけでなく、取引先からの請求書を待つ必要もありません。BtoB プラットフォーム受発注のデータを基に支払いの通知を行うことができます。取引先は、売掛金と照合して金額が合っていれば承認を押すだけです。すると取引が確定し、WEB で請求書が発行されます。

　これまで 15 営業日前後かかっていた作業が、BtoB プラットフォーム受発注なら、わずか 3 営業日ほどで終了する計算です。また、「買掛管理」と「請求書の仕分け」「商品マスタの登録と更新」「買掛データと請求書の照合」「買掛・仕訳入力」「納品書・請求書保管」といった作業もなくなるので、作業負担も大きく軽減されます。なお、家賃やペイドメディアなどへの請求も、BtoB プラットフォーム受発注の請求書機能を使えば WEB 上で行える点も大きいです。

　こうした機能を踏まえて、石塚氏は BtoB プラットフォーム受発注の導入のメリットを次のように話しています。

　「店舗数が増えると、現場が何をどのくらい仕入れているのか、本部は把握できなくなってしまいます。ここに課題を感じて、BtoB プラットフォーム受発注を導入する外食企業様は少なくありません。また、コロナ禍でコストに対する意識が高まっています。紙で仕入れを行っていたら、店舗の仕入れコストや仕入れ原価などが把握できるのは 1 カ月近く先です。しかし、それでは時代の変化に対応できません。一方で、BtoB プラットフォーム受発注ならリアルタイムに近いスピードで仕入れコストや仕入れ原価などを把握できます。その分すぐに修正や改善を行って、利益が出る組織づくりがスムーズにできるということです。そうした点からも、BtoB プラットフォーム受発注を活用したいと考える外食企業様が増えています。」

◆ アルバイトでも発注業務ができ、店長は本来の業務に集中

「BtoB プラットフォーム受発注を使わない理由はありません。これだけ多くの飲食店と卸問屋が活用しているサービスは他にはありません。活用しないという選択をする方が不自然です。活用するメリットよりも、活用しないデメリットの方が大きい。それくらいインパクトの大きなサービスだと考えています。」

そう語るのは、株式会社クリエイティブプレイス代表取締役社長の中村雄斗氏です。同社では 2015 年に BtoB プラットフォーム受発注を導入して以来、サービスを活用し続けています。導入当時、同社は 7 店舗の展開で、発注業務はそれぞれの店舗の店長などが行っていました。しかし、発注業務はどれだけスムーズにいっても 30 分はかかってしまいます。在庫を確認してから発注を行うので、終電ぎりぎりになる日も多かったそうです。仕入れに時間がかかるということは、その分、人件費もかかるということです。そうした状況を解消し、仕入れ業務をスムーズにしようと考え、BtoB プラットフォーム受発注を導入しました。

現在、タブレットやスマートフォンでも発注ができるので、終電を気にする心配がありません。また、FAX で発注していたときは商品名まで記入する必要がありましたが、今は BtoB プラットフォーム受発注上に登録されている商品を選ぶだけなので、アルバイトでも発注ができます。その代わり、店長は今日の振り返りなどを行えたり、店舗のクオリティを上げる仕事に集中できるようになりました。

変化はこれだけではありません。これまでは全ての納品書を Excel に打ち込んでいましたが、取引金額しか打ち込んでいなかったため、どの商品をどれだけ取引したか分かりませんでした。例えば、食材コストが上がっても、その原因は人が探るしかなく、時間もかなりかかっていたのです。しかし、BtoB プラットフォーム受発注なら仕入れのデータが日々蓄積されるので、リアルタイムで食材などにかかっているコストを把握できます。つまり、感覚ではなく、数字に基づいて店舗運営を行うことが可能になったのです。コロナ禍となり、コストにシビアにならざるを得ない今、このメリットは大きいです。

◇ 外食企業だけでなく、外食業のDXをサポート

BtoB プラットフォーム受発注の導入コストは、初期導入のためのセットアップ費用と月額利用料から成ります。セットアップ費用は店舗数に応じて変わり、20 店舗以下だと 40 万円（税抜、以下同じ）です。月額利用料としては、本部の管理費用の3万円と、1店舗当たり 1800 円がかかります。

BtoB プラットフォーム受発注は、売って終わりのサービスではありません。取引先も巻き込んで初めてその効果が存分に発揮されるため、店舗で活用を始める前に、本部と店舗、取引先に対してそれぞれ細やかなケアを行います。契約後、「取引先のリスト整理」や「導入にあたっての打ち合わせ」「取引先への告知」「商品登録のサポート」などを経て実際の受発注が可能となるため、契約から活用開始まで 1.5 カ月から2カ月を費やします。使い続けてもらうことに意味があるサービスだからこそ、初期導入のサポートに特に力を入れています。

その名の通り、プラットフォームとして外食業界になくてはならないサービスとして存在感を放つBtoB プラットフォーム。今後のビジョンについて、株式会社インフォマートの広域営業開発部の小杉明氏は次のように話しています。

「これまで、外食業界ではオペレーションと企業経営の DX が起きていました。今、そのフェーズがさらに進んでいて、産業全体の DX が起きています。私たちは業務・経営の DX 化を、BtoB プラットフォームをはじめとするサービスでサポートしてきました。だからこそ、産業構造を変革させるような DX も、引き続き力強くサポートしていきたいと考えています。その中心になるのが FOODCROSS というプロジェクトです。"外食企業とメーカー"をはじめ、"メーカーと食品卸"、そして "テック企業と外食企業" など、業界を越えて企業と企業をつなげて、共に産業を革新させるような取り組みをしていきたいと考えています。」

外食業界が DX を実現する上で、トッププラットフォーマーのインフォマートに寄せられる期待は大きいです。

株式会社 Sunrise

レジのシステムを劇的に改善する、POS レジ付きの店舗管理ソフトのメリットについて詳しく見ていきましょう。

◇ DXでレジ業務を効率化

　株式会社 Sunrise（代表取締役社長：菊池厚志）は、2014 年に 1 号店を立ち上げ、2017 年 3 月 3 日に株式会社 Sunrise を設立。神奈川県川崎市ではドミナント展開を行い、川崎駅を中心に「鮮魚と炉端焼き 魚炉魚炉（ぎょろぎょろ）」や「とろろ鍋 串揚げ 華金（はなきん）」などの運営を行っています。既存店と同じコンセプトの店をつくらず、川崎をマーケティングした上で街にない飲食店をつくっています。

　株式会社 Sunrise では、アプリラボ社の「K1 くん（けいいち）」を導入し、レジ付きの店舗管理ソフトというメリットを生かし、個店でも手軽にデータ経営を実現しました。K1 くんは、人による手厚いサポートを受けることも可能です。

◇ 川崎の街を変えたいという思いが生んだ大きな一歩

　川崎に新しい食文化を、そして世界へ――。神奈川県川崎市に本社を置く株式会社 Sunrise は、そうしたビジョンを掲げて**ドミナント展開***を行い、外食業界で存在感を高めている企業です。同社は "川崎にない店をつくる" というテーマの下、業態開発を行っています。代表的な業態の「鮮魚と炉端焼き 魚炉魚炉」や「とろろ鍋 串揚げ 華金」も、コンセプトはもちろん、提案するメニューや空間などが街にとって新しい切り口となっています。

　そもそも川崎駅周辺は、大手チェーンの飲食店が強い。だからこそ、個性的な飲食店が増えれば、それだけ川崎という街がさらに豊かになるということです。そうした街の実現を目指して、創業以来、同社は川崎のためになるような業態開発を続けています。

　ここまで川崎にこだわる姿勢は、代表取締役社長を務める菊池厚志氏が川崎市出身であることと関係が深いです。同氏は次世代の外食業界を

***ドミナント展開**　地域内の市場占有率を向上させて独占状況を目指す、経営手法の 1 つ。

背負って立つ経営者として、多くの業界関係者が期待を注ぐ人物です。1990年生まれで、1号店を出店した2014年当時はまだ24歳でした。創業前、同氏の仲間内では語り草となっている、とある伝説があるそうです。この伝説について、同氏は次のように話しています。

「創業前、自己資金は50万円くらいしかありませんでした。それでも、どうしても自分で店をやりたかったので、手当たり次第に銀行にかけ合ってみましたが、どこもまともに取り合ってくれません。今から振り返れば当たり前です。自己資金が少なくて、事業計画書のツメも甘かったですから。でも、いくら断られても諦め切れません。そこで、どうしたら貸してくれるのかと、銀行の担当者の方と粘り強く交渉し、やっとの思いで奇跡的に800万円を融資してもらうことができました。そのお金で、川崎駅から徒歩10分ほどの8坪の物件を借り、飲食店オーナーとしてのスタートを切りました。この1号店のオープンに至る経緯は、当社の原点といっても過言ではありません」

どんな苦難があっても、同氏が創業に向けて歩みを止めなかったのも、当時、すでに「川崎をもっといい街にしたい」という思いがあったからでしょう。その思いに共感して、創業後すぐに、多くの若い人材が同氏のもとに集まってきたのです。

▼「魚炉魚炉」外観

K1くんがレジ業務を
劇的に改善！

◆ POSレジを中心とした店舗のデジタル化

　若くして独立した同氏ですが、早い時期からテクノロジーの活用を意識していました。それが後ほど、DX の推進にも結び付きます。ターニングポイントになった出来事が、POS レジの切り替えでした。独立して 2 年目で、2 店舗目の出店をすでに実現していた頃です。

　今でこそ、飲食店での POS レジの活用は当たり前となりましたが、大きく普及が進んだきっかけは 2019 年 10 月に導入された軽減税率に他なりません。多くの飲食店が複数税率に対応しなければならなくなった状況を前に、政府は「軽減税率対策補助金」などの支援策を実施。その結果、タブレット型の POS レジを活用する飲食店が珍しくなくなりました。

　POS レジは DX 化を推し進める上で重要な役割を果たしました。ハンディターミナルや仕入れ、会計、予約など多くのサービスの連携先がPOS レジであるため、店舗業務に関する多くのデータが蓄積されていきます。DX の推進にデータの活用は欠かせません。つまり、POS レジは店舗のデジタル化のハブになると同時に、顧客満足度の向上や経営の効率化を実現するためのスタート地点にもなっています。

　そうした重要性が広く認識される前から、同氏はその必要性を感じています。その実現に向けて選んだ POS レジが、株式会社アプリラボの提供する「K1 くん」です。その背景を、同氏はこう説明します。

　「当時、無料の POS レジアプリを活用していましたが、オーダーや仕入れ、会計といった業務はアナログのままでした。ですので、支払いをはじめとした経理業務も手作業です。取引先から請求書が来たら、自分で仕訳をして、税理士へ必要書類を送る——そうした仕事も、専任スタッフを雇う余裕もなかったので、私が行っていました。だけど、全ての業務を片付けるのに 2、3 日はかかってしまいます。あまりの負担に、月末が来るのがいつも憂鬱でした。その頃、2 店舗を出店して、これからさらに店舗を増やしていこうとしていたタイミングです。その実現のため、僕自身も飲食店のオーナーから経営者へ成長しなければなりません。でも、このままでは変わることができないと感じ、POS レジを中心に店舗業務をデジタル化しようと決めました。そのとき候補に挙がったのが K1 くんです。独立前に

修行をした店（型無株式会社）でも K1 くんを活用していて、その機能の充実ぶりや連携性の高さは知っていました。実は、懸念していたのはコスト面だったのですが、抜本的な改革ができないまま組織が大きくなってしまうデメリットと比較したら安いものです。そうした考えもあり、このタイミングしかないと思って K1 くんの導入を決めました。」

　その先での飛躍を考えたとき、この決断が大きな分かれ目となりました。飲食店のオーナーから経営者へ。その道をサポートしてくれたのは K1 くんだといっても間違いないでしょう。

◇ 店舗業務を革新するK1くんの強み

　POS レジとは、販売時点情報管理システムのことを指します。その言葉通り、どの商品が、いくらで、どのくらいの数だけ販売されたのかを記録してくれます。

　現在、顧客のニーズが細分化され、トレンドの移り変わりが速くなりました。また、コロナ禍で先の見えない時代になったので、市場環境を捉えたデータだけでなく、自店で蓄積したデータを活用して、どのような手を打つべきかを考える重要性も増しています。そうなると、POS レジ単体では意味をなしません。オーダーや仕入れ、会計、予約、決済といった店舗業務を支えるシステムのデータを POS レジと連携し、それを分析していかないと、時代のニーズに取り残されてしまうのです。しかし、システムを選ぶときは 1 つずつ吟味する手間がかかったり、既存の POS レジとの連携を考慮しなければならなかったりと障壁は多いです。

　K1 くんの場合、そうした手間を省き、POS レジを中心としたデジタル機器の導入をスムーズに実現できます。ポイントは、K1 くんが "POS レジ付き" の店舗管理ソフトだという点です。実をいうと、K1 くんはもともと勤怠管理システムとして、サービスのスタートを切りました。そこから給与計算や仕入れ、ハンディターミナル、モバイルオーダーと、顧客のニーズに合わせてサービスの拡充を続けているのです。

　外食業界は、なかなかテクノロジー化が進まない業界だと言われています。その原因の 1 つが、システムを導入して終わりになっている店が多い

ことです。どんなシステムも活用しなければ意味がありません。しかし、店舗の状況と機能がマッチしておらず、うまくオペレーションが回っていないケースが目立ちます。

　しかし、K1くんの場合は、ベースとなるサービスが豊富だからこそ、POSレジの導入時点で、ある程度のデジタル化を実現することができます。また、店舗状況に合わせたカスタマイズも柔軟に行ってもらえるので、オペレーションの負担も少ないです。つまり、現場でストレスなく使い続けられるサービスになっているのです。もちろん、他社サービスとの連携もできるため、さらに便利な活用も可能です。

　菊池氏も、そういったK1くんの特徴が、導入に至る上で大きなポイントになったと語っています。

　「K1くんの導入に合わせて、まずオーダーと勤怠管理をデジタル化しました。それまでは、どちらもアナログだったので、スタッフに大きな負担を強いていました。例えば、オーダーで使っていたのは手書きの伝票です。そのため、オーダーミスがあったり会計に時間がかかったりと、お客様に迷惑をかけてしまうこともありました。しかし、K1くんに切り替えてからは、ほとんどミスがありません。スタッフも、自分のスマホでオーダーが取れるので、スムーズに慣れることができました。また同じタイミングで、他社の受発注と会計のシステムをK1くんと連携させてデジタルに移行しています。

注文だけでなく
従業員の勤務管理でも
効果を発揮！

◀K1くんで、オーダーと
　勤怠管理をデジタル化

　税理士への共有が楽になっただけでなく、会社全体はもちろん、店舗ごとの売上や利益もリアルタイムで把握できるようになりました。その日のうちに FL も把握できるので、いち早く課題を見つけて、その場で対策まで考えることができます。PDCA のサイクルが速くなったことが、会社の成長スピードをさらに加速させてくれているのではないでしょうか。」

◇ コロナ禍での快進撃を支える、データを活用した経営

　コロナ禍で市場環境が激変した結果、飲食店の多くがデリバリーやテイクアウトに対応したり、業態転換をしたりと、時代に合わせた変化を求められています。しかし、これまでとは別のノウハウが必要になるため、苦戦を強いられている飲食店は多いです。その中で、Sunrise は快進撃を続け、川崎市の中でも大きな存在感を放ちます。

　まず、居酒屋中心の業態ポートフォリオを変更するため、非アルコール業態としてフルーツサンド専門店「FRUIT STAND」をオープンさせたり、「鮮魚と炉端焼き 魚炉魚炉」のランチ帯に「麺屋武一」とコラボレーションしたラーメンを提供したりと、矢継ぎ早に新たな挑戦を行いました。この他にも、デリバリー・テイクアウト専門店の「元祖からあげ本舗 金太郎」の FC（フランチャイズチェーン）に加盟したり、「小籠包スタンド」という新業態を開発したりと、同社の進化は続きます。こうした変化も K1 くんがあるからこそできる、と菊池氏は話しています。

　「コロナ禍ではこれまでの正解が通用しないので、流行った業態があったら今まで以上の速さで他社にまねされてしまいます。そうなると市場がレッドオーシャンになってしまい、企業の体力も削られてしまうでしょう。だからこそ、初動と改善のスピードが大切です。当社では K1 くんの導入後、データという軸ができたので、行動しながら改善していく姿勢が文化として根付きました。コロナ禍でも大切にしていたのは、数字をひもといて見えてくる事実です。どのメニューがどの程度売れているのかを確かめながら、挑戦の方向性をチューニングしてきました。そうした取り組みが成果として表れているので、手応えを感じています。」

今後、同社では POS レジを起点にして DX の取り組みを進めていく予定です。若き経営者の次なる一手に寄せられる注目は大きいです。

コラム　"めっちゃすごいパートナー"　アプリラボのサポート力

　株式会社 APPLILAB（アプリラボ）は 2007 年の創業以来、繁盛店を目指す飲食店に寄り添ったサービスの提供を行ってきました。その軌跡は「めっちゃすごいパートナーになる」というビジョンにまとめられ、全社員が DNA として受け継いでいます。

　コロナ禍以降、DX という言葉が一般的になると同時に、その必要性が広く認識されるようになって、数多くのサービスが誕生しています。しかし、中にはバックグラウンドの確かではない企業のサービスも少なくありません。はじめからアフターサポートを考慮に入れず、価格を下げてとにかくサービスを売ろうと躍起になっている企業も目立ちます。そうした中、同社ではシステムを提供して終わりではなく、そこから始まる関係性を大切にしています。

　その狙いについて、同社代表取締役の菅野壮紀氏はこう説明しています。

　「今、目の前にいるお客様に最高のサービスを届けたい——飲食店の現場で働いている従業員の方が抱いているのは、その気持ちです。そうした現場の気持ちに寄り添うことができなければ、よいサービスはできあがりません。だからこそ、私たちは飲食店の現場を理解することに力を入れています。開発だけをしていたら、現場の声とシステムに乖離ができて、実際に役立つサービスにはならないでしょう。1分1秒を争う状況を理解した上で、現場で拾い上げた声をサービスに落とし込む。そうしたコミュニケーションを繰り返しながら、わたしたちは K1 くんを進化させ続けています」

　こういった哲学を実現させるため、アプリラボには開発から営業、サポートまで全てこなせる人材がそろいます。そんな人材を育成する要となっているのが「シフトイン研修」です。同社では、入社後、月末の1週間、取引先の飲食店で働く研修を行います。なぜ月末かというと、棚卸しがあるからです。それを通して、お金の動きや、管理の実態など、飲食店の"普通"が分かります。それが分かっていないと、現場の方とのコミュニケーションがスムーズにできません。

　「現場を分かっていないな」と思われると、何かあっても相談をされません。そうなるとサービスの進化も止まってしまうため、現場を知ることに会社を挙げて取り組んでいます。

　そもそも外食業界は、IT化がまだ進んでいない業界です。ITの何が分からないか、ということさえ分かっていないケースも多いです。だからこそ、IT化を進めるためには、人の手によるサポートが必要不可欠です。同社では、自社のサービスに対する疑問に回答するのは当たり前で、それ以外のITに関する質問にも積極的に答えています。例えば、セキュリティカメラの相談を受けたら、自身の知識や経験などを踏まえて調べて、どの商品が適切かの提案も行います。

　いわば、同社の社員は、ITを飲食店の現場に落とし込む翻訳家です。双方を理解しているからこそ、その差をスムーズに埋め、店舗のデジタル化を支えることができます。結果的に、それが飲食店からの信頼につながり、"めっちゃすごいパートナー"というビジョンの実現にも結び付きます。

　そこまでたどり着けば、経営の相談なども来るでしょう。同社でも、来るべき未来に備え、数字などのデータを活用した提案力の育成に力を注いでいます。つまり、デジタルとデータを活用して競争上の優位性を確立するDX化に貢献していこうと取り組んでいるのです。

　2021年に15周年を迎える同社が、外食業界の"めっちゃすごいパートナー"になる日も近いかもしれません。

07 合同会社also

モバイルオーダーのパイオニアだからできるのです。生産性を向上させ、省人化と顧客満足度の向上を実現する、合同会社 also について詳しく見ていきましょう。

◇ DXでオーダーシステムを効率化

　合同会社 also（オルソー）は、代表の近藤喬哉氏と、高校の同級生の齋藤翼氏で設立。2019 年 3 月 28 日、江戸川橋（東京都新宿区）に「FUJI COMMUNICATION」をオープンさせると、水餃子と台湾ストリートフード、ナチュラルワインという提案が受けて、瞬く間に人気店の仲間入りを果たしました。その後、2021 年 2 月 13 日に白山（東京都文京区）に「鶯嶁荘 (also)」をオープンさせ、台湾料理の可能性をさらに広げています。

　合同会社 also は、Showcase Gig 社の「O:der Table」を導入することで、モバイルオーダーのパイオニアだからできるサービスの提供、生産性の向上、**省人化**と顧客満足度の向上を同時に実現し、テック企業のロジックを取り入れて加速度的な進化を遂げています。

▼「鶯嶁荘」内観

オーダーシステムの改善で、省人化に成功！

◇ 外食産業のモバイルオーダーのパイオニア「Showcase Gig」

　キャッシュレス決済サービスやフードデリバリーサービスなど、コロナ禍を契機に普及が進んだサービスは多いです。モバイルオーダーもその中の1つでしょう。非接触というコロナ禍でのニーズはもちろん、省人化や生産性の向上という、ここ数年、外食業界が抱えてきた課題の解決方法としても存在感を一気に高めました。そうした市場環境を背景に、モバイルオーダーの導入を進める飲食店が増える一方、さまざまなプレイヤーの参入も相次いでいます。その中で、この分野をリードし、切り開いてきたのが株式会社 Showcase Gig に他なりません。

　同社では 2013 年にテイクアウト専用のモバイルオーダーサービス「O:der ToGo（オーダートゥーゴー）」の前身となるサービスを開発。その後、店内向けのモバイルオーダーサービスの「O:der Table（オーダーテーブル）」（旧 SelfU）をリリースし、いち早く業界の中に新機軸を打ち立てました。

　当時、それがどれくらいインパクトのある出来事だったかというと、スマートフォンの保有率を見れば分かってもらえるでしょう。総務省のデータによると、2019 年のスマートフォンの保有率は 83.4％で、調査開始以来、初めて 8 割を超えました。しかし、2012 年のスマートフォンの保有率は 49.5％に過ぎません。そのため、スマートフォンで来店前にオーダーして決済まで済ませるようなスタイルは浸透しないのではないか、と懐疑的に見る人も多かったのです。

　しかし、注目されるまでに時間がかかったものの、結果的にモバイルオーダーは瞬く間にマーケットに普及し、一種、バブルのような様相を呈しています。それを受けて、冒頭でも触れた通り、新たにモバイルオーダーをリリースする企業も増えています。しかし、誤解を恐れずにいうと、今、目の前の収益しか考えていないプレイヤーが多いのも事実です。イニシャルコストが安かったから導入したもののサポートが一切なく、結局、現場が混乱しただけで終わってしまったケースも目立ちます。

　そうした状況を踏まえて、Showcase Gig の代表取締役 CEO 新田剛史氏は、次のように話します。

「常に使いやすいサービスであることはもちろん、時代に合わせた進化を続けていく。それが Showcase Gig が目指していることです。その実現にはサービスの改善と維持が欠かせません。それと同時に、未来への投資もし続けなければならないでしょう。さらには、今を戦うため、人材の採用と教育に力を入れることも必要です。当社ではそうした姿勢を 10 年ほど貫き続け、現在、約 100 名体制でサービスを開発し、戦略的に投資を行っています。

　昨今、さまざまなモバイルオーダーのサービスが登場していますが、私たちは機能面でも、デザイン面でも、どちらも進化していかなければならないと考えています。そうでなければ、現場で使い続けられるサービスにはならないでしょう。サービスだけがよくても、**ユーザーインターフェース（UI）**をはじめとしたデザインがいまいちだと、使用することにストレスを感じてしまいます。また、デザインがよくても肝心のサービスのレベルが低いと、現場にもたらされる利便性は限定的なものになってしまうでしょう。これらを両立していくのは、どのプレイヤーにとっても難易度が高いと思います。サービスを維持し、不具合を解消し、常に改善・アップデートをし続けています。

▼タブレット型セルフオーダーシステム「O:der Table」

それを成し遂げるには、膨大なリソースを確保しなければなりません。その1つ1つの差は小さなものでも、積み重ねていくと大きな差となってサービスのクオリティに表れてしまうでしょう。

私たちは外食業において、モバイルオーダーを最初に手がけており、パイオニアだと自負しています。だからこそ、これまでの10年間、サービスを磨き続けてきたのと同じように、10年先も20年先も外食業界を支え続ける覚悟で開発を続けていきます。」

◇ 人気店の現場の生産性を大きく向上させた「O:der Table」

市場を切り開いてきたShowcase Gigの想いに共感し、「O:der Table」を導入した企業があります。それが合同会社alsoです。同社は「FUJI COMMUNICATION」と「鶯嶗荘（also）」という2つの台湾料理専門店を展開しており、どちらも多くのファンを獲得しています。実は、Showcase Gigの代表の新田氏が、「FUJI COMMUNICATION」の常連でした。そうした縁も決め手となり、2店舗目の鶯嶗荘のオープン時に「O:der Table」の導入を決めました。

その背景について、代表の近藤喬哉氏は次のように語っています。

「1店舗目のFUJI COMMUNICATIONのコンセプトの1つは台湾屋台です。そのためオーダーテイクもカジュアルにしようと思い、テーブルに置いてあるオーダー表に、お客様ご自身で食べたい料理などを記入してもらってスタッフに渡すスタイルを採用していました。その方が、オーダー時にスタッフをわざわざ呼ぶよりも、時間的なロスがありません。それに私自身、スタッフを呼んでオーダーを伝えるスタイルは、ファインダイニングならいいですが、大衆店だと煩わしくなってしまうと感じていました。

そのスタイルがうまくいっていたので、2店舗目の鶯嶗荘でも続けていくつもりでいました。しかし、鶯嶗荘の物件は2フロアで、キッチンも1階と2階に分かれているため、同じスタイルを取るとスタッフの負担が大きくなってしまいます。そこで、その課題をテクノロジーで解決しようと思い、タブレット型のセルフオーダーシステムを考えました。

しかし、それだと各テーブルにタブレットを用意して、それぞれに配線をつなげた上で設定までしなければなりません。かなりのコストと手間がかかってしまい、管理も大変です。どうしようかと考えた結果、出てきた選択肢がモバイルオーダーです。

　モバイルオーダーならお客様のスマートフォンでオーダーできるので、タブレットを何台も用意する必要がありません。また、店側で管理する手間がなく、「FUJI COMMUNICATION」と同じようなスタイルで営業ができるので、モバイルオーダーの活用を決めました。」

　「鶯嶸荘」は2フロアで70席あるので、店を回すのにそれなりの人数が必要です。しかし、「O:der Table」の導入でオーダーテイクを無人化できたので、ホールにスタッフを配置しなくても大丈夫です。会計も客が自身のスマートフォンで行うため、スタッフを1人削れるくらいの負担軽減となりました。その分、提供スピードを上げたり、本当にサポートが必要な客に声かけができたりと、顧客満足度の向上につながるサービスの方に注力できています。そもそも客の方も、何か別の作業をしているスタッフを自身のオーダーのために呼ぶことに抵抗感が強いです。そのストレスがないだけでも大きなメリットとなっています。

　モバイルオーダーを導入する際、客がスムーズに使えるかどうかを心配する飲食店は多いです。しかし、「鶯嶸荘」では目立ったトラブルはありませんでした。同店のターゲットは20代から50代です。皆、スマートフォンを普段から活用しているので、「QRコードを読み込んでオーダーしてください」の一文で全てが伝わり、ほとんど説明は必要ありませんでした。客側のデジタルリテラシーは想像以上に高いという証左に他なりません。

　同店では、「O:der Table」を導入した結果、売りたいメニューが売りやすくなりました。また、メニューのオーダーのされ方にも変化が起きています。紙のメニューだと、それぞれの料理のご飯の量など、細かい情報はあまり記載できません。また、どんなにおすすめをしたくても、「おすすめ」「一番人気」といったキーワードで目立たせるくらいです。

　しかし、「O:der Table」だと写真とテキストでそれぞれのメニューについて詳しく説明できます。なぜ人気メニューなのかを記載することで、商品の付加価値も伝えやすいのです。こうした変化があり、「O:der Table」の導入後、プラス一品のオーダーやトッピングが付きやすくなりました。それを実現する上で、Showcase Gig の担当者から、どういった写真を撮影すればいいかなど、細かなアドバイスがあることも大きいです。

　「鶯嶂荘」での成功を受けて、FUJI COMMUNICATION でも「O:der Table」の活用を始めました。旧来のやり方だと、どんなに気を付けていても、オーダー漏れなどのミスが起きてしまいます。そこで思い切ってデジタルに切り替えたところ、ミスがなくなり、客への事情説明といった作業は発生しなくなりました。同店で起きた変化はそれだけではありません。生産性が向上した結果、今まで3人で回していた現場を、なんと2人で回せるようになったのです。「O:der Table」は店舗のオペレーションをシンプルにするので、働き方もシンプルになります。だからこそ、毎月200万円の売上を出す10坪の店舗でも、2人のスタッフで回すことができるのです。

　限られた人数でも機会損失をせず、客のニーズを最大限に取り込める「O:der Table」。その実力を織り込んだ上で、今後のビジョンを近藤氏はこのように描いています。

　「鶯嶂荘」ではモバイルオーダーで生産性を高め、客単価を上げることに成功しています。その分だけ、お客様の満足度も高まっているのではないでしょうか。今、時代にフィットした業態をつくる上で、こうしたデジタルツールの活用は欠かせないと感じています。だからこそ、これからもShowcase Gig さんの力を借りながら、私たちも時代に合った進化を続けていきたいです。」

◆「O:der Table」が変える外食企業の経営ロジック

モバイルオーダーで省人化が実現したり、客単価がアップしたりと、現在、導入した飲食店からさまざまな変化が起きています。しかし、それらはモバイルオーダーがもたらす進化の一部に過ぎません。その本質はもっと深いところにあります。それについて、Showcase Gig の代表取締役 CEO 新田氏は、次のように話しています。

「店舗の世界はとてもアナログです。店前を歩く人が、お店がそこにあることに気付いて来店してくれますが、お店にはそれ以上の情報を知る手段がなく、そのお客様がどんな属性を持っている方なのかは全く分かっていません。また、いつ何を販売したかは、POS で把握することができますが、誰に提供したかまでは分かりません。それでは、顧客情報はどこにあるのかというと、優秀なスタッフの頭の中の記憶として残るだけです。店舗全体としては、ほとんど何も残らないのです。こうした状況では、データの蓄積がないので、適切な方向に経営の舵取りをすることさえ難しくなってしまうでしょう。

一方で、EC サイトやオンラインゲームなどは、常にデータを集積するのはもちろん、それを分析して、ターゲットとなるユーザーに刺さるコンテンツとなるように進化を続けています。例えば、スマホゲームならデータの分析を繰り返して、自動でプログラムを組み、朝と昼と夜で実施するイベントや配信するコンテンツを変えたりしながら、1 日数億円の売上を叩き出すケースも珍しくありません。

そうしたテック企業のロジックを取り入れたビジネスの強みに多くの企業が気付き始めて、さまざまな産業が変化しています。その流れは外食企業でも変わりません。今後、生き残っていくのは、テック企業と同じようなロジックを取り入れた企業だと思っています。そうなると、経営者の年齢層も一気に若返りが図られるかもしれません。私は 2000 年代前半にインターネット業界に入りましたが、これからは新しい世代、デジタルネイティブが多くの産業を牽引していく時代になると思います。

　私たちは、テック企業のロジックを外食企業がスムーズに取り込めるように、モバイルオーダーの開発を行ってきました。モバイルオーダーで顧客のさまざまなデータを取得し、それを分析することで、より市場環境に合わせた進化ができるようにサポートをしてきたのです。懸念する声をよく聞きますが、モバイルオーダーを導入したとしても、人の温もりのあるサービスは失われません。むしろ、デジタルを活用することで本来の業務に集中できるようになり、より温かみのあるサービスを実現できる可能性が大いにあります。

　ここまでたどり着くのに10年かかりました。それでも、まだまだ2、3合目です。これからが新たなスタートだと思って、進化がさらに加速するように力強くサポートしていきたいと考えています。」

　現在は、1社のシステムで店舗経営の全てに対応できる時代ではありません。

　また、全てを内製化してどうにかなっていた時代もとうの昔に過ぎました。今は、会計ソフトや勤怠管理ソフトなどのSaaSをAPI連携して、ビジネスを革新していくという発想が欠かせません。「O:der Table」は、はじめからそうした発想でつくられたサービスです。だからこそ、POSなどの連携先も他社のサービスよりずっと多いです。つまり、店舗のDX化を進める上で、核となるポジションの役割も果たせるということに他なりません。そうした状況を踏まえて、新田氏はこれからの展開をこう語っています。

　「今後、モバイルオーダーはさらに当たり前のサービスになっていくでしょう。メニューブックや決済、テイクアウト・デリバリー対応、アレルギー表示などがサービスに含まれるので、より店舗のフロントで存在感を発揮するサービスになっていくはずです。そうした状況が加速すれば、QRでメニューを読み込んだら、どこのお店でも自分好みのメニューをカスタマイズして表示してくれる社会がやってくるかもしれません。また、アレルギーや病気の有無、信仰などを考慮して、パーソナライズされたメニューが表示されることだってあるでしょう。むしろ、私たちはここまで進化さ

せないと意味がないと考えています。そのための基盤をつくるため、今、投資を行っているといっても過言ではありません。」

Showcase Gig が進む道の先に、新時代の外食企業の経営の在り方があるのです。

Showcase Gig社のモバイルオーダー(図表3-5)

非接触で注文可能

オンライン決済対応

紙メニューに触れない

従業員の体調管理も

資料提供：株式会社 Showcase Gig

株式会社 NATTY SWANKY

必要な時間帯に必要な人数の人材を確保できるシステムを採用している、株式会社 NATTY SWANKY について説明しましょう。

◇ DXで人材の確保を効率化

　　株式会社 NATTY SWANKY（ナッティースワンキー、代表取締役社長：井石裕二）は、2001 年に東京都調布市で創業。社名の NATTY には粋、SWANKY には鯔背（いなせ）という意味があります。その社名どおり、「街に永く愛される、粋で鯔背な店づくり」という理念を掲げ、餃子ブームの火付け役となった「肉汁餃子のダンダダン」を運営しています。2019 年には東京証券取引所マザーズ市場への上場を果たし、今後の動向に対する注目度は高いです。

　　株式会社 NATTY SWANKY は、**Timee**（タイミー）を導入し、必要な時間帯に、必要な人数の人材を確保できるようになり、人手不足によるチャンスロスがなくなりました。スポットだけでなく、正社員の採用にもつなげられます。

▼「肉汁餃子のダンダダン」調布1号店

人材採用、人材育成に力を入れています。

◇Timeeが実現する新しい人材採用の在り方

コロナ禍は、外食企業の経営を取り巻く環境を大きく変えました。業態開発や立地戦略、マーケティングなど、従来の成功方程式が通用しなくなった分野は多いです。人材採用も、その中の1つです。

コロナ禍前、外食業界は未曽有の人手不足に襲われていました。2019年2月に帝国データバンクが発表した「人手不足に対する企業の動向調査（2019年1月）」によると、正社員が不足していると回答した飲食店は65.9%に及びます。アルバイトを含む非正社員に至っては84.1%が不足していると回答するなど、人手不足の深刻さが広く取り沙汰されていました。

人手不足の大きな原因は、日本社会の人口減少に他なりません。日本の総人口は2008年の1億2808万人をピークに減少に転じ、2050年には1億人を下回ると予測されています。これに合わせて、生産年齢人口（15〜64歳）も1995年の約8700万人をピークに減少に転じており、2015年には約7700万人まで減少。2060年には約4800万人となり、2015年の6割の水準にまで減少すると言われています。

こうした社会情勢を背景に、流通や小売、建築、介護、運送と、業界を越えて熾烈な人材獲得競争が繰り広げられました。その中で、特に苦しい戦いを強いられたのが外食業界です。もともと外食業界は「労働時間が長い」「給与が安い」といったイメージから就職や転職を嫌厭する人が多かったのです。そうした状況に加えて、熾烈な人材獲得競争に巻き込まれてしまったため、さらに採用が厳しくなりました。それでもどうにかして人材を集めようと、給与や時給を上げたり、シニア層や外国人材を活用したりしましたが、なかなか思うような成果が上がっていませんでした。だからこそ、コロナ禍前は人手不足の解決という文脈からDXが語られることも多かったのです。

しかし、コロナ禍以降、状況が一変し、今度は逆に営業の自粛や営業時間の短縮などで人手が余る状況になってしまったのです。困った状況はそれだけではありません。人手不足を解消するため時給を上げて雇用をし続けた結果、変動費であったはずの人件費が固定費になってしまいました。コロナ禍で売上が減少しているので、できることなら少しでも利益を確保するため経費をカットしたいところですが、人件費は固定費になってしまっ

たので、なかなか削ることができない企業も多かったのです。それでもどうにか引き止めたものの働く場を提供できず、結局、他の業界に人材が流れてしまったというケースも目立ちました。

ただ、コロナ禍が終息した後、必ずまた人手不足に陥るでしょう。コロナ禍が終息して街に人が飛び出し、抑えていた消費活動を活発化させると、景気上昇局面がやってきます。その恩恵はもちろん外食業界にもやってきますが、そのとき人材がいないと対応ができません。現に、一足早くコロナ禍から脱出し、景気回復を果たしているアメリカでは、外食業界の人手不足が深刻です。

しかし、コロナ禍の反動の景気上昇はいつまで続くか分かりません。一過性のトレンドとなり、また不景気がやってくることも考えられます。つまり、そこでいかに売上を上げられるかに、企業の存続がかかっているといっても過言ではありません。働き手がいるかどうかの重要性は、そこまで高まっているのです。

そうした先行きを見越して、人材が余っている今、採用を積極的に行う企業も多いです。とはいえ、長引くコロナ禍の中、人材を抱えるリスクは大きいため、幹部は自社でしっかりと抱えて、それ以外のスタッフは必要に応じて柔軟に集めたいと考える企業も増えています。そうした体制を実現できるツールとして、存在感を高めているのが株式会社タイミーの提供する「Timee」です。

人手不足を解消する「Timee」(図表3-6)

「Timee」とは、日本初の「スキマバイト」の募集サービスで、企業側は人材が欲しい時間帯や求めるスキルを指定するだけで、ワーカーを見つけることができます。代表取締役の小川嶺氏が20歳の頃に同社を立ち上げ、2018年8月に「Timee」のサービスをスタートさせました。現在、200万人を超えるワーカーが登録しています。面接や教育の必要がなく、即戦力のワーカーを確保できるとあって、利用企業数は増えています。

◇ コロナ禍での快進撃を支えた「Timee」

「Timee」を活用している業界は小売や物流など幅広く、中でも特に導入店舗数が多いのが外食です。株式会社NATTY SWANKYが展開する「肉汁餃子のダンダダン」も「Timee」をうまく活用し、著しい成果を上げています。同サービスを活用し始めたきっかけについて、同社代表取締役社長の井石裕二氏は、次のように話しています。

「1回目の緊急事態宣言が出されたとき、政府の要請に応えて営業時間を短縮した営業を行っていました。その影響をもろに受けてしまったのがアルバイトスタッフです。営業時間が短くなった影響で、なかなか思いどおりにシフトに入れなくなり、もっと働ける職場を求めて辞めてしまったスタッフもいました。一方で、通常の営業時間に戻した後、今度は店舗運営に影響が出てしまいます。緊急事態宣言中よりも売上が上がったものの、人手が足りない状況となり、現場に負担をかけてしまったのです。すぐにアルバイトの募集をしましたが、1日や2日では採用できません。採用後も、研修などの期間があるので、現場に出るまで1カ月半くらいかかってしまいます。そこで、その間をつないでくれるスタッフを求めて『Timee』の活用を始めました。」

「肉汁餃子のダンダダン」は「餃子とビールは文化です」というコンセプトの下、井石氏が開発したブランドです。看板商品の「肉汁焼餃子」は何も付けなくてもおいしく食べられ、ここでしか味わえないとあって多くのファンがいます。

　2011年1月19日に1号店を東京都調布市に出店して以来、店舗数を拡大し続け、2019年には東京証券取引所マザーズ市場への上場を果たしました。2020年7月には、業態名を「肉汁餃子製作所ダンダダン酒場」から「肉汁餃子のダンダダン」に変更。食事需要はもちろん、テイクアウトとデリバリーの需要にも力強く応え、さらなる成長を目指しています。

　同社の成長を牽引している2つの要素が、社内環境とサービスです。社内環境でいうと、2018年から2021年の4年間、同社は「働きがいのある会社ランキング」でベストカンパニーに選出されています。年4回の昇給やボーナスをはじめ、まとまった休暇が取りやすい体制や豊富な手当などをそろえ、従業員の力が最大限に発揮できる環境が整います。

　それがサービスという2つ目の成長要因も生み出しています。同社はルーキーズ研修をはじめ、餃子アカデミーやTHP48（店長輩出プログラム）、階層別勉強会など、研修に力を注いでいます。また、従業員のモチベーションを高める仕掛けとして、全店舗の中から優秀店舗を決める「ダンダダンアワード」を開催したり、全スタッフから選抜されたオールスターで「肉汁餃子のダンダダン」のあるべき姿を体現する「最強店舗営餃」を行ったりしています。こうした体制が整っているからこそ、ホスピタリティ精神のあふれる従業員が入社してきて、彼らの活躍を見てまたモチベーションの高い従業員が入ってくる、という好循環を生み出しています。

従業員のモチベーションを高める「ダンダダンアワード」。

しかし、「Timee」を導入する際、まさにその点がネックになりました。それに関して、同氏は次のように話しています。

　「当初、現場からは人材の質を懸念する声が上がっていました。僕らは教育に強いこだわりを持って力を入れてやってきましたから。それをすっ飛ばして現場に出てしまうことで、ブランドが毀損されるのではないかという声があったのです。

　しかし、『Timee』が当社の大切にしている理念などをまとめて、店に来るワーカーにあらかじめ共有してくれました。そのおかげで、どのワーカーも最初から僕らの考えを理解した上でやってきてくれます。そうしたスタッフと触れ合ううちに、当社の従業員の心配の声もすぐになくなりました。

　ワーカーのスキルも申し分ありません。『Timee』を活用し始めた当初は、洗い物など裏方の業務を任せていました。ところが、『Timee』のワーカーの中には、当社の従業員より高い能力を持ったスタッフがいるケースも少なくありません。コロナ禍で働き口を探している飲食経験者が多いという状況も影響していると思いますが、大手チェーンの店長経験者がいることもあるので、彼らの仕事から当社の従業員が学ぶこともたくさんあります。そこで、それぞれの能力に応じて、裏方業務だけでなく、ホールやキッチンを任せることも多いです。

　お客様からは、当社の従業員なのか『Timee』のワーカーなのかは分からないと思います。私自身、店に行ったときに『いいスタッフだな』と思っていたら、『Timee』のワーカーだったりするケースがあるほどですから。足りない点を『Timee』のワーカーが補ってくれるので、従業員はやるべき仕事に集中できます。その結果、生産性が高まり、より顧客満足度の高い店づくりができているのではないでしょうか。」

　コロナ禍でも「肉汁餃子のダンダダン」は出店を続け、全国へ店舗網を広げています。人材面からの「Timee」のサポートが、その勢いを下支えしたのは間違いありません。

❖ アルバイトの確保だけでなく、社員採用もできるツール

コロナ禍では、営業時間の短縮要請が続き、飲食店は限られた時間内で最大限の売上を上げなければならなくなりました。しかし、10人の従業員が必要な時間帯に8人しか確保できないと、売上の取りこぼしになります。追加のオーダーが取れなかったり、テイクアウトに対応し切れなかったり、**バッシング**＊が間に合わずに回転率が落ちたりと、人材が足りないことによる弊害は大きいです。

そうした中、「Timee」のサポートがあれば、限られた時間で最大の売上を上げることができます。外食業界全体の売上が落ちていて、少しでも利益を確保したい今、取りこぼしがないことのメリットは大きいです。

「Timee」では、能力の高いワーカーを確保できるように、直前キャンセルしたワーカーにはペナルティポイントを加えるなど、最低限のレベルが担保できるような取り組みを行っています。その上で、勤務後に店舗側がワーカーを評価する仕組みがあるので、確かな能力を持ったワーカーが手配できます。

なお、評価に関しては、ワーカー側が店舗を評価する仕組みもあります。店舗の評価が落ちたら、ワーカーを集めづらくなってしまいます。また、ワーカーによる評価は覆面調査のような機能も果たすので、店舗のレベルアップにも結び付きます。こうした相互評価の仕組みが機能していることが、「Timee」の信頼を築き上げています。

現在、NATTY SWANKY では「Timee」の活用を続け、一歩踏み込んだ使い方もしています。なんと、「Timee」経由で正社員を2名も採用したのです。「Timee」では無料でワーカーの引き抜きができます。そのため、能力の高いワーカーがいたら、どんどんアプローチをしていけるのです。

昨今、高い掲載料金を払ってアルバイトの募集媒体に広告を出しても、採用に結び付かないケースが多いです。応募が集まらないため、基準を下げて採用を行うパターンも目立ちます。それは中途採用も同じです。求人広告での採用がうまくいかないので、より高いコストをかけて紹介サービスを使う企業も増えています。

＊**バッシング**　客が帰った後に、皿、コップやシルバーをテーブルから下げること。

しかし、採用にかかるコストはそれだけではありません。その後、導入教育をしたり、OJT をしたりして一人前に育てていきます。それくらいのコストと時間を割いているにもかかわらず、ミスマッチが原因で早期離職してしまう事例が後を絶ちません。

　一方で、「Timee」ならミスマッチが少ないです。店舗側がワーカーの能力を把握している一方、ワーカー側も職場の雰囲気や求められているスキルが分かっています。そのため、認識の違いなどがなく、スムーズに現場に入ることができるのです。さらに、高い採用費用がかからず教育コストも抑えられるので、採用方法としてのメリットは大きいのです。

　同社では今後の展開も「Timee」を活用しながら行っていく予定です。それについて、井石氏は次のように話しています。

　「コロナ禍が終息した後、お客様は自然に戻ってきたとしても、アルバイトは戻ってきません。どこの店舗も同じような状況になるので、空前の人手不足が来ると言われています。そのとき人手をいかに確保するかが重要になってくるからこそ、『Timee』のようなサービスは本当にありがたいです。当社ではこれから新店舗をオープンする際、『Timee』を活用したいと考えています。『Timee』のワーカーの中には、心強いことにダンダダンの経験者も少なくありません。そうした方の力を借りれば、スムーズに新店舗のオープンができるでしょう。その中で当社の従業員になっていただける方が現れたらうれしいですね。」

有限会社 鳥小屋

シフト作成にかかる作業負担を大幅に軽減し、コストコントロールを実現する有限
会社鳥小屋について解説しましょう。

◇ シフト作成に関する煩雑な作業を大幅に軽減させる

　コロナ禍で、シフトの調整が一筋縄ではいかなくなっています。そもそ
もコロナ禍の中では、緊急事態宣言の発出やまん延防止等重点措置の適用
に合わせて、その都度、営業時間や営業スタイルを柔軟に変更しなければ
なりません。もちろんそのたびにシフトの調整も必要です。社員だけで回
すのか、稼ぎたいアルバイトも使うのかを判断した上で、どうにかシフト
を作成している飲食店も少なくありません。

　加えて、コロナ禍で需要の予測が難しくなりました。天気や時間帯以外
にも、新規感染者数の増減で客数が大きく変わります。とはいえ、外食全
体で売上も減っているので、限られたコストの中で、最大限の売上を確保
しなければなりません。ベストなシフトを作成するのに考えなければいけ
ない要件が増えて、その対応に苦心している担当者が増えています。

　こうした背景もあって、存在感を高めているのが株式会社リクルートの
提供する、やりとりも作成もラクになるシフト管理サービス「**Air シフト**」
です。

▼「鳥小屋 本店」外観

> シフト作成の効率化に
> 力を入れています。

同サービスを活用すると、シフト作成にまつわる煩わしさを大幅に削減することができます。シフト作成をするためには、スタッフから希望を提出してもらい、それぞれの希望を転記し、作成したら全員に共有する流れが必要です。さらに、急な欠員が出たらスタッフ1人1人に連絡して、代わりを探さなければなりません。一言でシフト作成といっても、煩わしい業務が実に多いのです。

　しかし「Air シフト」を活用すると、こうした工程を全て1つのサービス内で完結させることができます。シフト希望を自動で収集してくれたり、そのまま希望の反映をしてくれたり、慣れたパターンでシフト作成ができたりするため、「これまで数時間かかっていたシフト作成が30分でできた」という声があるほどです。

　一方でスタッフは、同じくリクルートが提供しているシフト管理・給料計算アプリの「**シフトボード**」で希望シフトの提出や変更願い、シフトの確認などができるので、負担が少ない。現在、コロナ禍で飲食店でのシフトが少なくなったため、かけ持ちをしている人が増えています。そのため人件費を管理しないといけないですが、「Air シフト」はそれにも対応しています。また、人件費のシミュレーション機能もあるため FL コストの見直しに役立ちます。限られた人員で効率的に店舗を回せるようになるため、経営に与えるインパクトは大きいです。

　有限会社鳥小屋が展開する「鳥小屋 本店」の店長、石塚研介氏も Air シフトの便利さに魅せられた1人です。導入前に抱えていた課題について、同氏はこう説明します。

　「もともとシフトの管理は紙を使って、手書きで行っていました。いわば完全にアナログです。スタッフに LINE でシフト希望日を提出してもらった後、それを1つ1つ紙に書き出して調整を行った上でシフトを確定させていました。しかし、1店舗に20人くらいのスタッフがいるので、それぞれの希望を書き写すだけでも大変な作業です。それに、期日までに20人全員のシフトの希望が届くとは限りません。提出がないスタッフには、個別に催促を行う必要がありました。ところが、シフトを作成したとしても、転記ミスやスタッフのスケジュール変更などで再調整が必要になるケース

が少なくありません。その際は、私がスタッフと個別に LINE でやりとりしながら調整をし、新たにシフトを確定させていました。とはいえ、希望の収集やシフトの作成、調整、共有など、1つ1つの作業にあまりにも時間がかかってしまいます。そのため、シフトの作成は月の前半と後半に分けて行い、できたところから共有をしていってどうにかシフトを回しているという状況でした。

　こうした状況を改善して、店長としての仕事に集中できないものかと考えていたとき、「Air シフト」の存在を知りました。まさに自分が求めていたサービスだと思うのと同時に、利用開始月と翌月は無料で使えるということだったので、使ってみることにしました。ただ、いきなり切り替えることに怖さもあったため、最初は紙と「Air シフト」の併用です。そこでスムーズに使いこなすことができたので、本格的に導入を決めました。」

◇ シフト管理だけでなく時代に合わせた経営もサポート

　「鳥小屋 本店」では「Air シフト」を導入した結果、シフトの作成から共有までのスピード感が上がりました。だいいち、シフト希望が上がってきたらそのままシフト表へ反映されるので、紙に書き写す必要がありません。また、確定ボタンを押せば、全スタッフに一斉にシフトを共有できます。シフトの変更希望があっても、「Air シフト」で他のスタッフとやりとりして、そのまま新しいスケジュールをシフトに反映することもできるので、共有の抜け漏れがありません。

　これまで同店では、確定したシフトをレジの横に置くと共に、石塚氏が LINE で共有をしていましたが、複数回の変更があると共有がうまくいかないケースもありました。しかし、「Air シフト」の導入で、そうしたミスがなくなり、シフトに関するストレスが大きく軽減されました。「Air シフト」がもたらしたメリットについて、石塚氏も次のように語っています。

　「シフトの作成は、いくつもの組み合わせを考えなければならないため、集中できる時間が必要です。途中で別の作業をすると思考が途切れてしまうため、勤務時間外に作らざるを得ないこともありました。しかし、今はそんなことはありません。短い時間と少ない負担でベストなシフトをつく

ることができます。シフト作成にあてていた時間を店長としての仕事に割くこともできるようになって、店舗全体のクオリティも高まっているのではないでしょうか。」

　シフト作成の担当者の多くは、自身が２、３時間でシフトを作成できていると思っています。しかし、「Air シフト」の導入後、作成にもっと時間がかかっていたと気付くケースが少なくありません。実際に作成している時間だけでなく、スタッフとやりとりしたり、再調整したり、全体のバランスを考えたりすることも、シフトにまつわる作業だということが浮き彫りになるからです。それらを合計すると 15 時間を超えるケースもあります。「Air シフト」を導入すると、その 80％ほどが削減されるので、いかに導入効果が大きいか分かるでしょう。

　なお、「Air シフト」を導入している業態としてはカフェや居酒屋などが特に多いです。１日の中でも繁閑差があったり、多くのスタッフを使いこなさなければならなかったりするため、いずれもシフトを組むのが難しい業態です。また、近年は外食業界の人手不足が深刻だったため、短時間勤務のアルバイトを何人も雇ってシフトを回す飲食店も多かったのです。そうした状況だったこともあり、「Air シフト」の導入が進むと同時に、活用を始めた飲食店ではシフトに関する悩みは解決されていきました。

　「鳥小屋 本店」が抱えていたシフトにまつわる課題も、「Air シフト」が一気に解決しました。同店では今後、もう一歩踏み込んだ活用をすることも考えています。それに関して、石塚氏はこのように話しています。

　「コロナ禍になって売上が減少した結果、コストに対する意識がシビアになりました。コロナ禍が終息した後も、外食の売上は以前のレベルには戻らないと言われています。だからこそ、適切にコストコントロールをして、利益を出していく取り組みが欠かせません。現在、当店では『Air シフト』のタイムカード機能を活用して、日々、どのくらいの人件費がかかったのかを管理しています。その結果、人時売上高や人時生産性もすぐに把握できるので、コスト管理が徹底できるでしょう。

　いかに利益を出すかが大切な時代にあって、こうした機能があることもうれしいです。これからも時代に合った店づくりをする上で、『Air シフト』が重要な役割を果たしてくれるのは間違いありません。」

◈ 口コミで広がり続けるシフトボードの便利さ

　最後に、同じくリクルートが提供する、スタッフ側のシフト管理・給料計算アプリ「シフトボード」についても詳しく説明しておきましょう。「Air シフト」の導入にメリットがあるのは、シフト作成者だけではありません。「Air シフト」と「シフトボード」をあわせて導入すれば、スタッフ側の負担もかなり軽減されます。例えば、「Air シフト」なら「シフトボード」に希望のシフトを入力するだけで済むので、LINE などに打ち込む手間がかかりません。また、コロナ禍になって以降、かけ持ちをするスタッフが増えています。その分、シフトのスケジュール管理が煩雑になりますが、「シフトボード」を活用すれば一元管理ができてバッティングの心配もありません。

　「シフトボード」は、「Air シフト」を活用する際、スタッフに必ずダウンロードしてもらう必要があるアプリです。しかし、店舗で「Air シフト」を活用していなくても、「シフトボード」を使っているアルバイトは多いです。シフト管理機能が便利なのはもちろん、「シフトボード」には給与計算機能もあります。それを使うと、扶養の範囲を超えないように管理しながらアルバイトに入ることができるため、大学生を中心に活用が進みます。実は、「シフトボード」はほとんど販促を行っていません。それでも活用が進んでいるのは、大学のサークルやアルバイト先などで、口コミで広がっているからです。

　こうした背景があるため、「Air シフト」の導入を喜ぶアルバイトは多いです。しかもスタッフ同士で使い方を教え合うので、「Air シフト」の導入はスムーズに進みます。働き手のリテラシーに合わせた体制にすることで、アルバイトが採用しやすくなったり、定着率が高まったりするでしょう。こうした面からも「Air シフト」の導入効果は高いです。

Air ビジネスツールズ

近年、店舗の課題解決をサポートするさまざまなサービスが提供されています。しかし、コロナ禍においては、そのすそ野の広さがあだとなったのも事実です。課題ごとに異なる会社のサービスを導入していたがために、それぞれの連携が煩雑となり、有効な施策を打つのに時間がかかったケースも目立ちます。コロナ禍の中では、判断の遅れが致命傷になりかねません。そこで、使いやすいのはもちろん、スピード感や柔軟性、フィット感など、もう一歩踏み込んだサービスが求められるようになっています。

そうした基準を高いレベルでクリアし、現在、導入店舗が増えているのが、株式会社リクルートの提供する「**Air ビジネスツールズ**」に他なりません。

「Air ビジネスツールズ」とは、「Air レジ」をはじめ、「Air レジ ハンディ」「**Air ペイ**」「Air ペイ QR」「Air ペイ ポイント」「Air ウェイト」「Air リザーブ」「Air シフト」「Air メイト」など、SaaS 型の業務・経営支援ソリューションサービス群を指します。「商うを、自由に」のコンセプトの下、店舗を取り巻く手間やコストといった煩わしさを減らし、自分らしいお店づくりをサポートしています。

サービスの始まりは、POS レジアプリの「Air レジ」です。2013 年 10 月にサービスをリリースすると、0 円でカンタンに使える POS レジアプリとして、大きな衝撃を与えました。その後、個店を中心に利用者を増やし続け、発行アカウントは 2021 年 3 月の時点で全国で 56 万 2000 に及びます。

「Air ビジネスツールズ」は個別で使っても力を発揮しますが、サービスを利用する際に取得する共通の AirID で連携をすることで、さらなる効果が期待できます。実際、コロナ禍の中でも数多くの実績を上げており、圧倒的な存在感を放っています。

JR東日本クロスステーション フーズカンパニー

調理について、省人化と商品の安定供給を同時に実現、現場のオペレーションを変えずに導入を可能にし、常に現場が使いやすいように進化を続けています。

◆ DXで調理の効率化に成功

　株式会社 JR 東日本クロスステーションのフーズカンパニーは、「リテールカンパニー」「フーズカンパニー」「デベロップメントカンパニー」「ウォータービジネスカンパニー」の４つの事業を展開しながら、駅ナカを中心とした幅広い事業フィールドで新たな価値を創造しています。JR きっぷの購入などでたまる「JRE POINT」が使える店も多く、たくさんの人がつながる場をつくり上げています。

　フーズカンパニーは**コネクテッドロボティクス社**の**そばロボット**を導入し、省人化と商品の安定供給を同時に実現し、現場のオペレーションを変えずに導入が可能にした。常に現場が使いやすいように進化を続けています。

▼「そばいち」外観

> ユニークな
> そばロボットが
> 話題作りに
> 貢献しています。

◇ そばロボットが実現する省人化と、商品の安定供給

「現在、ロボットの活用は多くの産業で進んでいます。しかし、サービス産業に関しては、まだプロトタイプが出てきたばかりで、まだまだ発展途上の段階です。外食業界も状況は同じで、近年、配膳ロボットの普及は進んだものの、その他の分野についてはまだあまり開拓されていません。その分、調理の領域などを中心に一気に開発が進み、今後、ロボットの活用が広まる可能性はあるでしょう。」

そう語るのは、コネクテッドロボティクス株式会社取締役の佐藤泰樹氏です。同社は 2014 年の創業以来、「調理をロボットで革新する」というビジョンを掲げ、「重労働からの解放」「日本食を世界へ」「つくりたてのおいしさ」の実現を目指しています。これまで、ソフトクリームロボットやたこ焼きロボットなどを開発し、飲食店の調理の現場をロボットで革新してきました。

まさに業界を牽引してきたリーディングカンパニーですが、佐藤氏も指摘する通り、調理分野ではまだまだロボットの活用が進んでいません。ただ今後、調理ロボットの導入が爆発的に進んでいく下地はできつつあります。導入の起爆剤となりそうなのが人件費の高騰です。ここ数年、アルバイトの最低賃金は上がり続けており、東京都と神奈川県では最低時給が 1000 円を超えています。政府は最低賃金の全国平均 1000 円の達成を目指していますので、この流れは今後さらに加速する可能性が高いです。

つまり、他の道府県でも最低賃金が 1000 円台になるケースが増えてくるのです。そうなると損益のバランスが崩れ、利益が出ない状態に陥る飲食店も増えてくるでしょう。しかも人手不足で採用自体が難しい時代です。ならば、人はサービスなどの人にしかできない仕事に集中させて、調理はロボットに任せようという流れができても不思議ではありません。

そうした変化をいち早く捉え、調理ロボットを大々的に導入したのが株式会社 JR 東日本クロスステーションのフーズカンパニーが展開するそば専門店「そばいち」です。2021 年 3 月 10 日には「そばいちペリエ海浜幕張店」に「そばロボット」を導入し、飲食店での調理ロボットの活用シーンの可能性を大きく広げています。

　２台のロボットアームが巧みに連携しながら、番重から取り出した生そばをザルへ投入し、茹^ゆで上がった後は洗いと締めまで行う光景は圧巻で、多くのメディアで取り上げられました。

　そばロボットの導入の背景について、同社外食事業部の刑部秀章氏はこう話しています。

　「そばいちは駅構内にあるそば専門店です。駅ナカや改札付近など人の流れが多い場所に店を構えているので、商品の安定供給は欠かせません。そこで重要になるのが人材の教育です。しかし、人手不足になると、そもそも教育ができる人材が足りなくなってしまいます。また、せっかく教育をしても辞めてしまうなどの課題もありました。そうした問題を解決するため、省人化と商品の安定供給を両立する方法はないかと模索していました。その中で効果的な提案をしてくれたのがコネクテッドロボティクスさんです。抱えていた課題が解決するのはもちろん、単純作業をロボットに任せることで人は顧客満足の向上につながる仕事に集中できるとあって、そばロボットの導入を選択しました。」

◇ ロボットと人がストレスなく協働できる環境づくり

　調理ロボットの導入にあたって、まず、どの作業をロボットに任せるかを決めていきました。当初、トッピング用のフライヤーなども検討しましたが、最終的にはそばを茹でる作業に特化したロボットにしようという結論に至ります。その選択をした理由は、そばいちの味のこだわりと深い関係を持ちます。

　立ち食いそばは、オーダーしたらすぐに商品が提供される印象が強いです。それが可能なのは、工場であらかじめ茹でた「ゆでそば」という麺を使用しているからです。ゆでそばを使うと、再加熱すればいいだけなので早く提供できます。しかしその反面、味のクオリティが落ちてしまうという欠点があります。

　「そばいち」は、おいしいそばの提供を通して、顧客満足度の向上を目指しています。そのため、店舗で使用しているのはゆでそばではなく、生そばです。しかし、生そばにすると茹で加減の適否で味が左右されます。

また、味のクオリティを保つには水をしっかり切らないといけないなど、スタッフの熟練度によってブレが発生してしまいます。JR東日本クロスステーションのフーズカンパニーでは、こうした課題もロボットで解決しようと思い、茹でに特化したロボットでいくことを決定しました。

　ロボットだと、そばを茹で上げた瞬間、一定時間必ず停止します。そこで麺が含有するお湯の量も計測できるので、味のブレが少ないのです。また、その作業を中心にしながら前後のオペレーションを組み立てていけば、品質と供給の安定が同時に実現します。省人化を成し遂げただけでなく、一定以上のクオリティのそばを安定的につくり続けられるメリットは大きいです。とはいえ、コネクテッドロボティクスにとって、そばロボットの開発は初めての試みでした。その実現のステップについて、佐藤氏は次のように語っています。

　「当社はロボットコントローラーや画像認識の技術などを開発していますが、その技術を販売している会社ではありません。あくまでもお客様の課題解決のツールとして、ロボットを中心としたサービスを提供しています。

　今回の導入にあたって、実際にエンジニアが店舗で働いてみて、どの工程をロボット化させたらより大きなインパクトを持って課題が解決するか、検証を重ねました。目指したのはロボットと人の協働です。まずは既存の店舗で導入を進めていくというお話だったので、オペレーションを大きく変えないように留意しました。現に、ロボットを導入したことによるオペレーションの変更はほとんどありません。

　また、あまりにもロボット中心で設計された厨房にしてしまうと、万が一ロボットが壊れたときに売上がゼロになってしまう可能性があります。あくまでも人手不足を解決するための1つのツールとしてロボットを位置付け、人の力を最大限に引き出すサポート役になる環境を実現しました。そうすることで、ロボットが何かのトラブルで稼働しなくても、人がリカバリーすることができると考えました。

　今回、省人化と品質の均一化という、一見すると相反する課題の解決をご希望でした。それをクリアするために、現場でのオペレーションも考慮して、ストレスなく使い続けられる環境の実現も目指しました。」

❖ 活用店舗が広がるそばロボットの可能性

　そばロボットは、「そばいちペリエ海浜幕張店」に導入される前、「そばいち nonowa 東小金井店」で実証実験が行われました。東小金井店は他の店舗と比較すると客入りが穏やかで、1人でオペレーションを回すことができます。そこでまずはそばロボットの能力を見極めるため、何かあってもリカバリーができる店舗を選んで導入した経緯があります。

　しかし、その効果は絶大でした。そばの味が安定したのはもちろん、従業員の負担が減り、離職率の改善にもつながったのです。実は、実証実験ではアームが1本で、行う作業も生そばを茹でる、洗う、水で締めるだけでした。とはいえ、茹でる作業は味のクオリティを左右するため大変気を使います。そこを削減できたことで、スタッフのパフォーマンスは圧倒的に向上しました。現に、スタッフに行ったアンケートで「そばロボットがない営業はもう考えられない」という人がいたほどです。

　海浜幕張店へは、東小金井店で得た知見を踏まえ、さらにロボットを改良した上で導入されています。その結果、ロボットアームを2本にすると共に、1時間に40食だった生産能力も150食をつくれるまでに向上させました。

　現場には年配のスタッフも多くいますが、現場の抵抗もなく、導入はスムーズでした。また、何か問題が起きてもすぐにレスポンスがあるので、安心して使い続けることができるそうです。その点に関して、佐藤氏はこのように説明しています。

　「ロボットは導入して終わりではありません。導入後も、現場で改善を重ねながら、常に進化させていかないと、スタッフの方が使いやすいサービスにはならないでしょう。私たちはハードウェアとソフトウェアの両面を進化させながら、もっと分かりやすく、もっと簡単にリカバリーできるロボットになるように努めています。今、使いやすいのはもちろん、サポートしながらさらに使いやすいロボットにしていくことが、当社が大切にしているスタンスです。」

　そばロボットの導入は、思わぬ効果も生んでいます。

メディアで取り上げられることが増えた結果、販促の効果が出ているのです。ガラス張りでロボットが動くシーンが見えるようになっており、その光景に足を止める人の姿も目立ちます。

　海浜幕張店でそばロボットの導入が成功したことにより、今後、同様の売上規模の店舗へも導入される可能性が高まりました。JR東日本クロスステーションのフーズカンパニーでは今後、メインブランドの「いろり庵きらく」でも導入を進め、2025年末までに30店舗での活用を目指しています。

　刑部氏は、そばロボット活用の意義を次のように話しています。

　「飲食店は労働集約型の産業のため、利益率がどうしても低くなってしまいます。だからといって原価を落とすとお客様が離れてしまうので、客数を増やす施策とコストを下げて利益を出す施策を同時に行っていかなければなりません。2つの異なる命題なので、なかなか解決が難しいですが、ロボットなら可能です。そうしたメリットに外食業界全体で気付きつつあるので、これから新しい厨房の在り方が次々と提案され、大きなブレークスルーが起こるのではないでしょうか。」

　「そばいちペリエ海浜幕張店」のそばロボットの衝撃は、まだ序章に過ぎません。これからさらに大きなインパクトを伴って、調理の現場でのロボットの活用が進んでいきます。

これは、
味のブレが少ない
そばロボットです。

⑪ ワタミ株式会社

配膳ロボットの導入で、人にしかできない仕事に集中でき、顧客満足度が向上、省人化が実現し、コストを削減、子どもからの人気が絶大で販促ツールになります。

◈ 配膳ロボット導入で人にしかできない仕事に集中

　ワタミ株式会社は、「地球上で一番たくさんのありがとうを集めるグループになろう」というスローガンの下、外食・宅食・農業・環境事業に取り組んでいます。コロナ禍になって以降、「かみむら牧場」や「焼肉の和民」「から揚げの天才」「bb.q オリーブチキンカフェ」といったブランドで存在感を発揮。「陸前高田ワタミオーガニックランド」を開業するなど、SDGsの活動にも力を注いでいます。

　ワタミ株式会社では、配膳ロボット「Servi」を導入することで、人は人にしかできない仕事に集中でき、顧客満足度の向上と共に、省人化も実現し、コストを削減することができました。子どもからの人気が絶大で、販促ツールにもなっています。

▼「かみむら牧場」外観

配膳ロボットで
省人化に成功しました。

◆ ロボットがパートナーとなる店づくり

「ロボットの店に行こうよ。」

　コロナ禍で積極的な外食が敬遠されている中、子どもが親にそのように
ねだり、幅広い世代にファンを獲得している店があります。ワタミ株式会
社とカミチクグループの合弁会社、ワタミカミチク株式会社の運営する「か
みむら牧場」です。

　同店は 2020 年 5 月の誕生以来、ロードサイドを中心に店舗展開を続
けており、現在、東京、名古屋、大阪に 5 店舗を構えています。その人気
は国内だけにとどまらず、20 年 11 月には海外 1 号店として台湾への進出
も果たしました。人気の秘密は、コストパフォーマンスの高さです。同店
では A4 ランクの薩摩牛と、オリジナルブランド牛「南国黒牛」を食べ放
題で提供しています。和牛の食べ放題とうたっていても、いいランクが付
いた肉を提供できる店はなかなかありません。そうした中、同店では一定
以上のランクの牛を「和牛マニアコース」（3980 円／税抜）として、リー
ズナブルな価格で提供しています。

　こうした努力もあって、連日多くの客が足を運び、ウエイティングにな
る日も少なくありません。とはいえ、かみむら牧場の店舗はいずれも規模
が大きい。例えば、京急蒲田第一京浜側道店は 126 席もの座席数を誇る
大型店舗です。それでも早い時間帯から席が埋まり、周辺住人を中心に多
くのリピーターも獲得しています。

　これだけの規模の店舗が大盛況となると、さぞかしたくさんのスタッフ
が働いていると思うでしょう。しかし、ピーク帯であっても、ホールで働
くスタッフの姿はほとんど見えません。代わりに見えるのは、店内を走る
高速レーンやタッチパネル型のセルフオーダーシステム、ウエイティング
システムといった最新のテクノロジー機器です。そして、子どもたちから「ロ
ボット」と呼ばれ、絶大な人気を得る配膳・運搬ロボット「Servi」も、ホー
ルスタッフの代わりに店内のテーブルを規則正しく巡っています。

　なぜこうしたタイプの店舗をつくったのでしょうか。その狙いについて、
ワタミ株式会社営業推進本部マーケティング部部長の竹下慎一氏は、こう
説明しています。

「テクノロジーをフル活用した店舗の構想は、コロナ禍前からありました。きっかけは人手不足です。コロナ禍であまり話題にのぼらなくなりましたが、当時、業界全体で人手不足が進んでいました。そこで重要なテーマになったのが省人化です。どのようなアプローチを取って、それを実現するべきかを考えて、配膳は回転寿司のように高速レーンで行って、下げ膳は『Servi』で行うという、テクノロジーの導入を前提とした店づくりにたどり着きました。その結果、かみむら牧場ではテクノロジーでもできるオペレーションはテクノロジーに任せて、人は人にしかできない仕事に集中する体制を構築できています。

当初、テクノロジーを使いこなすことに戸惑うお客様もいるのではないかと心配しましたが、杞憂に終わりました。それどころか、『Servi』をはじめ、高速レーンやタッチパネル型のセルフオーダーシステムもストレスなく使いこなしていただいています。現在、スタッフがお客様に呼ばれるのは、大切な用事があるときだけです。そこに重点的に人によるサービスを行えるので、クレームが劇的に減って、顧客満足度が高まっています。何といってもロボットは子どもたちに大人気です。思わぬ販促効果もあって、大きな手応えを感じています。」

◇ 経営に大きなインパクトを与えるServiの導入効果

「Servi」を提供しているのは**ソフトバンクロボティクス株式会社**です。「Servi」は簡単な操作性や狭い通路幅での稼働、スムーズな障害物回避などの機能が他社製品より優れているだけでなく、従来の配膳ロボットとは違って天井にマーカーを設置しなくても導入できるとあって、多くの飲食店で導入が進んでいます。現在、「かみむら牧場」をはじめ、150ブランド以上の有名な飲食店や施設で活躍しており、それぞれの現場を刷新しています。

| メモ | ソフトバンクロボティクス株式会社 |

自律型ヒューマノイド・ロボットのPepperや業務用清掃ロボットなどを中心とした事業を展開しています。

そもそもロボットは、モチベーションで働き方が変わったり、熟練度によって作業効率が変わったりすることがありません。シフトの希望などもなく、営業時間を通してずっと決まった作業を確実にこなしてくれます。

　また、ソフトバンクロボティクスのデータによると、「Servi」をフル稼働させた場合、1日に5km以上、店舗によっては7.5km近く走行するそうです。逆にいうと、その分だけスタッフの移動負荷が減っているので、業務効率への貢献度はかなり高いです。実際、「Servi」の導入で重量物を運ぶ必要がなくなったり、ホールを長時間歩き回らずに済むようになったりしたことが、従業員満足度の向上ももたらしています。加えて、労働生産性が上がって離職率が下がるだけでなく、採用にかかるコストが下がるケースも多いです。こうした現状を踏まえて、ソフトバンクロボティクス株式会社常務執行役員兼CBOの坂田大氏は、「Servi」導入のメリットを次のように話しています。

　「人が行っている仕事の一部を『Servi』に置き換えることで、人件費をはじめとしたランニングコストは確実に下がります。下がったコストは収益に回したり、メニューに還元したりすることができるでしょう。また、コロナ禍でいつも以上に求められる衛生対策に回すことで、顧客満足度のさらなる向上を目指すことも難しくはありません。

　さらに、料理の提供やバッシング時に必要なホールとキッチンの往復も『Servi』に任せられるので、ホールスタッフはお客様へのサービスに集中できるようになります。他の作業に気を取られずにお客様の様子を細やかに観察できるようになったメリットとして、追加オーダーを受けやすくなった結果、客単価が上がったケースも少なくありません。店舗によってはホールの負担が減った分、テイクアウトやデリバリーに対応しやすくなって、売上を伸ばしたケースもあります。ロボットというと、どうしても作業の効率化ばかりに目が行きがちです。しかし、『Servi』の導入はそこだけにとどまらず、経営全体にインパクトを与えることができます。」

　現に、かみむら牧場でも、「Servi」1台で、スタッフ1人分以上の業務をこなしています。通常、120席を超える店舗だと、ホールスタッフだけ

でも1日10人近く必要です。1カ月間のシフトを組むとなると、50人から60人のスタッフがいなければなりません。しかし、「Servi」をはじめとしたテクノロジーから業態をつくり上げていった結果、ピーク帯でも5名のホールスタッフで対応が可能です。

　ホールに人手がかからなくなって下がったコスト分を、かみむら牧場は商品に還元しています。A4の和牛を食べ放題でリーズナブルに提供できるのは、テクノロジーによる省人化が実現しているからこそ成せる業なのです。また、ホールではなくキッチンに人手をかけることで、焼き肉という商品力を磨くこともできています。焼き肉の食べ放題は、多種多様なオーダーがバラバラに入ってくるので、商品の質を保つことが難しい。しかし、同店の場合、キッチンに人を割いているので、安定的かつスピーディーに商品の提供ができます。そのことが席の回転率を高めながら売上の向上に結び付いているので、1店舗の月商が3000万円を超える月も珍しくありません。

◇ 一緒につくり上げていく人とロボットが協働する環境

　外食業界でロボットの導入が進んだとはいえ、活用している店はまだ多くありません。しかし、ロボットと人との協働を実現するには、既存のオペレーションとの融和が必要で、少し時間がかかります。逆にいえば、使えば使うほど融和が進みロボットの導入効果も出るので、先行者利益は大きいです。現在、そこに気付いた飲食店から「Servi」の導入が進んでいます。しかもロボットの活用は、コロナ禍の間だけでなく、コロナ禍後も欠かせません。

　むしろ、新型コロナウイルスの感染拡大が終息し、外食の需要が戻ったとき、人手不足が改めて浮き彫りになります。そのときになって人手の確保に右往左往したのでは、対応が遅いでしょう。今のうちから、ロボットの活用を含め、できる対応をやっておくべきです。

　そうした状況も予測し、より力強く飲食店の課題を解決するため、ソフトバンクロボティクスはリーズナブルな価格で多様なプランを用意しています※現在、Serviはアイリスオーヤマが総合代理店として提供。プランには「レンタルプラン」と「買取りプラン」の2つがありますが、ニーズ

が高いのはレンタルプランの方です。機器と付属品のレンタル、ソフトウェアおよびクラウドサービスの利用、保守費用が含まれて、「Servi 3年レンタルプラン」が月額9万9800円なので、かなり安いです。

　また、サポートを含めた導入に至るコンサルティングの手厚さも「Servi」が選ばれる理由の1つです。導入前、ソフトバンクロボティクスの担当者が店舗に足を運び、ビデオカメラで撮影しながらオペレーションの様子を見学します。そこでオーダーや配膳、清掃など、どの作業に何分かかっているのかを計測します。その上で店舗の図面と照らし合わせて、レイアウトの変更まで提案しながら、「Servi」もスタッフも最大限のパフォーマンスを発揮できる環境を整えていきます。

　かみむら牧場でも、ソフトバンクロボティクスの担当者と共に試行錯誤を繰り返して、オペレーションを確立させていきました。現在、同店の「Servi」は、自動でテーブルを巡回するモードと、任意の場所に向かうモードの2つで稼働しています。それぞれのモードはボタンを押すだけで切り替わり、複雑な操作は必要ありません。ボタンを押した後は「Servi」が自動的に動いて、各テーブルに20秒ずつ止まりながら「お待たせしました。空いているお皿をのせてください」と声をかけていきます。

　「Servi」の優れた点は、これだけではありません。なんと一定の重量になると、スタッフが待機している場所まで自動で戻ることができます。下膳用のトレーを皿の種類などで3つに分けているので、途中で倒れる心配もありません。導入前、かみむら牧場でも人や障害物で「Servi」が転倒する恐れがあるのではないかと懸念していましたが、今まで事故は1件も起きておらず、高い安全性を保っています。

　人とロボットが協働する環境をつくり、次世代型の店舗を実現しているかみむら牧場。その取り組みが、これからの飲食店の可能性を広げていきます。

1日5km以上を
走行する配膳ロボット
「Servi」。

⑫ 株式会社串カツ田中 ホールディングス

複数のデリバリーサービスのオーダーを1つのタブレットで管理、イートインとデリバリーの両立がスムーズにでき、熾烈な市場の中でもデリバリーの売上が伸ばせます。

◇ DXでデリバリーを効率化

現在の株式会社串カツ田中ホールディングスは、2008年12月に「串カツ田中」の1号店をオープンさせると、一気に店舗網を拡大し、2016年9月に東証マザーズ市場へ上場しました。2018年6月には持株会社体制へ移行し、商号を株式会社串カツ田中ホールディングスへ変更。その後、2019年6月には東証一部への上場を果たしました。2020年3月には子会社の株式会社セカンドアローを設立し、新業態への挑戦も行っています。

株式会社串カツ田中ホールディングスは、**Mobile Order Lab** 社の「**Ordee**（オーディー）」を導入し、複数のデリバリーサービスのオーダーを1つのタブレットで管理して、イートインとデリバリーの両立がスムーズにできるようになり、その結果、熾烈な市場の中でもデリバリーの売上が伸ばせるようになりました。

▼「串カツ田中」外観

> デリバリーにも
> 力を入れる
> 串カツ田中です。

◇ コロナ禍で伸びるデリバリー市場が抱える課題

　コロナ禍で壊滅的なダメージを受けたイートインに代わりに、大きく売上を伸ばしたのがデリバリーです。ICT 総研が発表した「2021 年 フードデリバリーサービス利用動向調査」によると、2020 年のフードデリバリーの市場規模は 4960 億円となり、2019 年の 4172 億円から大幅に拡大しました。2021 年になってからは首都圏を中心に、緊急事態宣言の発出とまん延防止等重点措置の適用が繰り返され、外出の自粛要請が続きました。そうした状況を受けてフードデリバリーの市場は成長を続け、2021 年は5678 億円、2022 年は 6303 億円、そして 2023 年には 6821 億円まで拡大すると予想されています。

　市場の拡大を牽引しているのが、デリバリープラットフォームの存在です。好調な市場環境を背景に、「出前館」や「Uber Eats」といったなじみのサービスだけでなく、「menu」や「Wolt」「DoorDash」「foodpanda」など、参入プレイヤーが増えています。それに合わせて、利用者や利用頻度も伸び続けており、コロナ禍を契機に「出前」が「デリバリー」となって人々の生活に定着したといっても過言ではありません。

　そうした状況を受けて、デリバリーを始める飲食店が増加しました。特に2020 年 4 月に発出された 1 回目の緊急事態宣言のときは、イートインでの営業がままならなくなり、デリバリーに活路を見いだしたケースは多いです。

　しかし、デリバリーに関しては多くの課題が山積しています。中でも大きな問題が手数料の高さです。フードデリバリーサービスを活用すると、飲食店は 1 回の配達に対して 30％から 40％の手数料を取られてしまいます。そのため、デリバリーでたくさん売れたとしても利益の多くを持っていかれてしまい、なかなか儲からないのです。つまり、飲食店は利益率のビジネスだが、デリバリーは販売数のビジネスとなっている。そこで儲けを出すには個数で勝負するしかありません。

　ところが、個数で勝負するにも、高いハードルがそびえ立ちます。デリバリーサービスを活用する際、通常、店舗側はタブレットで注文などの管理を行います。しかし、タブレットは 1 つのサービスで 1 つ必要なので、複数のサービスを活用するとキッチンがタブレットだらけになってしまい

ます。特に注文番号はデリバリーサービスごとに異なるため、管理が難しいのです。その結果、現場のスタッフの負担が増えて、ミスや漏れが生じやすくなってしまうのです。

　デリバリーに特化したゴーストレストランなら、多少複雑なオペレーションでも対応できるでしょう。しかし、多くの飲食店がイートインとデリバリーを両立させて営業を行っています。そのため、目の前にお客がいたら、どうしてもそちらを優先させてしまいます。コロナ禍になって以降、外食を利用する絶対数が減っているので、1人1人のお客の存在が貴重です。デリバリーに追われて、その貴重なお客をないがしろにしてしまったら意味がありません。そういった事態を恐れ、はじめから2つの両立を諦めてデリバリーはしない店舗も目立ちます。

　結果として、デリバリーで成功を収めているのはファストフードチェーンかゴーストレストランという状況になってしまいました。しかし、その他の飲食店にとっても、デリバリーへの対応が重要なことに変わりはありません。コロナ禍が終息しても、従来の売上には戻らないと言われています。その中で、減少した売上をカバーする手段として、デリバリーは避けて通れないのです。

　こうした事態を踏まえて、現在、導入店舗を増やしているシステムが株式会社 Mobile Order Lab の提供する「Ordee」です。「Ordee」は「出前館」や「Uber Eats」といった複数のデリバリーサービスからの注文を一元管理することができます。また、異なるデリバリーサービスの注文番号を統一した ID で管理できるため、オーダーミスが減ったり、配達完了までの時間を短縮できたりとメリットは大きいのです。

　株式会社串カツ田中ホールディングスの展開する「串カツ田中」も、「Ordee」を活用している店舗の1つです。「Ordee」の強みを生かしながら、現在、競争が激しくなっているデリバリー市場の中で、顕著な業績を上げています。

◆ 「Ordee」導入でデリバリーの売上が2.5倍に

　コロナ禍となって以降、串カツ田中ホールディングスは新たな挑戦をし続けています。クラウドファンディングでネーミングライツを募集したり、「ローソン」と組んでお弁当を販売したりと、他の外食企業とは一線を画す取り組みで大きな話題を集めることも多いです。2021年4月22日には同社初の自社オンラインショップをオープンさせ、冷凍串カツの販売を開始。コロナ禍になって以降、挑戦の姿勢を貫き通し、激変する環境に立ち向かっています。

　デリバリーも挑戦の中から生まれた取り組みです。以前からテイクアウト、デリバリーは行っていたものの、デリバリーにはあまり力を入れていませんでした。しかし、新型コロナウイルスの感染拡大が始まった頃から、徐々にデリバリーにも注力。緊急事態宣言に入った頃には、活用するデリバリーサービスも増やし、しっかりと稼げる体制を構築していきました。当時の状況について、株式会社串カツ田中の東日本営業部ゼネラルマネージャーの奈良岡正大氏はこう説明しています。

　「当社ではコロナ禍はもちろん、コロナ禍が終息した後も飲食店の売上が以前のレベルまでは戻らないことに危機感を覚え、新たな収益の柱にしようとデリバリーの展開に力を入れ始めました。とはいえ、デリバリーでしっかりとした売上を立てるには、複数のサービスを使いこなさなければなりません。そこで当社の店舗でも、『出前館』や『Uber Eats』、『menu』など、複数のデリバリーサービスを活用しながら営業を行いました。しかし、そうすると今度は専用のタブレットが増えてしまい、オペレーションが煩雑になってしまいます。コンセントの数が限られているなど、キッチンは複数のデリバリーサービスに対応できるように設計されていません。予約管理でもiPadを使っていたので、キッチンはタブレットだらけでした。加えて、各社から続々と入ってくるオーダーを、漏れや抜けがないように仕分ける必要もあります。また、当社ではオーダーが入ったらハンディターミナルに打ち込んで、**キッチンプリンター**＊に内容を飛ばしていました。

＊**キッチンプリンター**　飲食店で、顧客の注文情報を厨房に伝える機器。

そうした業務をこなすため、専用のスタッフが 1 人必要なくらい負担は大きかったのです。」

　こうした課題を解決するため、串カツ田中では 2020 年夏頃から「Ordee」の活用を始めました。「Ordee」の導入後、予約管理で活用していた iPad に、全てのデリバリーのオーダーが入るようになったのでキッチンがスマートになりました。もちろん効果はこれだけではありません。オーダーがキッチンプリンターに直接飛ぶので、すぐに料理ができるようになり、複数のデリバリーサービスにスムーズに対応できるようになりました。

　「串カツ田中」は、キッチンがあまり広くありません。そのため、デリバリー専用のスタッフを使うことができません。その上、そもそもコロナ禍ではなかなか売上が上がらないので、プラスの人員をかけるのが難しいです。ところが「Ordee」なら、イートインの営業を行うスタッフがそのままデリバリーに対応することが可能です。また、生産性が高まっているので、ピーク帯でもデリバリーは必要最低人数で対応し、他のスタッフは別の業務に注力できます。実際、1 店舗で最大 7 つのサービスに対応している店もありますが、一元管理ができているので混乱はありません。それどころか、販売チャネルが増えた結果、デリバリーの売上が 2.5 倍になったケースもあるほどです。

　同社では 2021 年 3 月下旬に新ブランドの「串カツ田中の串カツカレー」というゴーストレストランの展開を開始しました。それも Ordee で生産性を高めていたからこそ、スムーズに軌道に乗せることができた、と奈良岡氏は話します。同店は「片手にスプーン、もう片手に串カツ」という新しいスタイルで、現在、ファンを増やし続けています。

Ordeeの管理画面（図表3-7）

> 複数のデリバリー
> サービスを1つの
> タブレットで管理
> する「Ordee」

◇ 次世代を見据えた「串カツ田中」の挑戦

「串カツ田中」は130店舗以上の直営店を展開しています。そのため、これまでは新しいデリバリーサービスを導入する際に、サービスの詳細やオペレーションを1店舗ずつ個別に説明する必要がありました。

そうした方法だと本部スタッフの負担が大きく、導入のスピード感も失われてしまいます。しかし、「Ordee」があると、デリバリーのオーダーを一括管理してくれるので、1つのタブレットを確認するだけでいいのです。つまり、新しいデリバリーサービスを導入しても、サービスについて本部から個々の現場へ説明する手間がなくなりました。現在は「新しいサービスが入るよ」というアナウンスをするだけで済みます。

また、「Ordee」の導入は副次的なメリットも大きい。デリバリーサービスは評価によって検索順位が変わるため、高い売上を上げるには上位表示が必須です。そして、上位に表示されるには正しくスピーディーにオーダーに対応し、お客の評価だけでなく、配達ドライバーの評価も上げていかな

ければなりません。しかし、複数のデリバリーサービスで高評価を獲得するのは並大抵のことではありません。

　そうした中、「Ordee」ならそれを手軽に実現できます。店舗の売上にじかに関わってくる点なので、そのメリットは計り知れません。

　「串カツ田中」でも「Ordee」の導入後、オーダーへの対応をスピーディーに行えるようになりました。その詳細について、奈良岡氏は次のように話しています。

　「デリバリーサービスでは、お客様へのお渡しまでの時間を店側で設定できます。これまで当店では余裕を持たせて少し長めにしていましたが、『Ordee』の導入後、最短時間を設定できるようになりました。特に変わったのがイートインの営業時です。以前は、店内が混雑し出すとデリバリーへの対応が難しくなるため、お渡しまでの時間も長めに設定していました。ところが今では、どんなに混雑していても、お渡し時間を変更する必要がありません。その分、機会ロスも減っているのではないでしょうか。今あるリソースのポテンシャルを最大限に引き出しながら、デリバリーの需要を最大限に取り込める。それが『Ordee』の何よりの魅力だと感じています。」

　「串カツ田中ホールディングス」のデリバリーの売上は、2019年にはテイクアウトを含めて総売上の1％ほどでした。しかし、現在は総売上の10％をテイクアウトとデリバリーが占めるまでになっています。「Ordee」の導入後、その売上は堅調に伸びており、今後、同社のビジネスを支える柱になる可能性は高いです。

13 株式会社SUU・SUU・CHAIYOO

"おみこし経営"でできあがったECサイト、ユーザーインの商品開発、セントラルキッチンでビジネスを広げています。

◇ECサイトへの挑戦

　株式会社SUU・SUU・CHAIYOO（スースーチャイヨー、代表取締役：川口 洋）は、2004年9月に創業し、2010年2月に株式会社SUU・SUU・CHAIYOOに商号変更。社名はタイ語で、SUU・SUUは「頑張れ」、CHAIYOOは「万歳」を意味し、同社の心意気を表しています。「クルン・サイアム」と「オールドタイランド」「タイ料理研究所」「タイストリートフード」の4つのブランドを展開し、タイ料理を通じてタイの文化や人々の魅力を伝えています。

　株式会社SUU・SUU・CHAIYOOでは、自社サイト「**スースーデリ**」を導入し、"おみこし経営"でできあがったECサイト、ユーザーインの商品開発。セントラルキッチンで広がるビジネスといった効果が得られています。

▼「クルン・サイアム」内装

ECサイトへの参入も活発に行っています。

◇ 外食企業のECサイトへの挑戦をリード

　コロナ禍により、イートインだけで売上を立てられなくなった飲食店が中食・内食市場へ参入するケースが急増しました。デリバリーやテイクアウトを始めて中食に参入したり、ミールキットを販売して内食での需要も取り込んだりと、外食各社の試行錯誤が続きます。そうした挑戦はコロナ禍が長引けば長引くほど加速し、現在、外食と中食、内食の垣根がなくなろうとしています。

　しかし、垣根を越えていっても、そこで勝つのはなかなか難しいのが現実です。ECをはじめとした通販も、成功が難しいジャンルの1つに他なりません。経済産業省が発表した「令和2年度産業経済研究委託事業（電子商取引に関する市場調査）」によると、2020年の日本国内のBtoCのEC市場規模は19兆3000億円となり、前年の19兆4000億円から0.43%減となりました。また、BtoBのEC市場規模も前年比5.1%減の334兆9000億円となり、どちらもほぼ横ばいで推移しています。

　一方で、EC化率の伸びは堅調です。EC化率とは、全商取引のうちEC市場で取引される割合を示す指標を指しています。BtoCのECでは前年比1.32ポイント増の8.08%、BtoBのECでは前年比1.8ポイント増の33.5%となり、共に増加傾向が続いています。

　中でも「食品、飲料、酒類」の伸びは目を見張るものがあります。2020年の市場規模は2兆2086億円となり、前年比で21.13%も伸びているのです。伸び率でいうと、「生活家電・AV機器、PC・周辺機器等」（28.79%）や「書籍、映像、音楽ソフト」（24.77%）、「生活雑貨、家具、インテリア」（22.35%）も高いです。しかし、それらのジャンルは漏れなくEC化率も高く、「生活家電・AV機器、PC・周辺機器等」で37.45%、「書籍、映像、音楽ソフト」で42.97%、そして「生活雑貨、家具、インテリア」も26.03%と、ECへの取り組みがかなり進んでいます。その中で、「食品、飲料、酒類」のEC化率は3.31%と、他の業界に比べると圧倒的に低いです。それにもかかわらず、2兆2086億円の市場規模があるということは、それだけ市場拡大の可能性が大きいということです。そうした将来性を狙って、多くのプレイヤーが参入し、しのぎを削っています。しかし、商品の提案力や生産体制などがネックとなり、成功を収めているケースは少ないです。

そんな中、一歩抜き出た存在感を発揮しているのが、株式会社 SUU・SUU・CHAIYOO が運営する「スースーデリ」です。スースーデリは、本格的なタイ料理を家庭でも気軽に楽しめるように、冷凍食品の提供を行っています。2020 年 5 月にローンチされたスースーデリは、当初こそ自己流のサービスだったものの、コロナ禍の中で進化を続け、競合他社がマークするまでになっています。その誕生の背景を、同社代表取締役の川口洋氏はこう説明しています。

　「スースーデリの始まりは、ちょっとした実験からです。初めて緊急事態宣言が発出されたとき、時短営業で店を開けていたものの売上は全く上がりませんでした。そのとき好奇心から、商品を凍らせてみました。とはいっても本格的な設備はなかったので、使ったのは店の冷凍庫です。それでも次の日に食べるととてもおいしく、商品化できるのではと感じました。そこでクルン・サイアムの渋谷文化村通り店をセントラルキッチンにして、冷凍食品の開発を始めると共に、まずは BASE *で販売も開始しました。」

　同社は 2020 年 3 月から 5 月までは緊急事態宣言などの影響もあり、前年比割れの売上となりましたが、7 月には単月で黒字化を達成。2021 年 1 月には全従業員にボーナスを支給するまでに回復しています。このことは、イートインにこだわらず、時代に合わせて売り方を柔軟に変えた成果だと見て間違いないでしょう。

◇ 磨いてきたビジョンが生んだサービス

　1 回目の緊急事態宣言の際、たくさんの外食企業が新しい挑戦を行いましたが、長続きしない取り組みも多かったです。一時的な取り組みに終わった企業と、継続した企業の差は、動機の違いによるところが大きいようです。
　今を生き残ることしか考えていない企業だと、イートインが駄目になったからという理由で、より稼げるデリバリーやテイクアウト、EC を始めたパターンが目立ちます。そのため、緊急事態宣言が明けたら、より稼げる

＊BASE　インターネット上で商品を販売する際、必要な機能を提供し、自分のネットショップが気軽に作成できるサービス。

イートインの方に軸足を移していきました。事業を継続させないと従業員や取引先に多大な迷惑をかけてしまうので、その判断は決して悪いことではありません。しかし、コロナ禍は一過性の特殊事象ではなく、社会の在り方を根本から変える大きな動きです。それに合わせてビジネスモデルを変革しなければ、いずれ行き詰まってしまいます。

　一方で、SUU・SUU・CHAIYOO を突き動かしているのは、お客様の喜びです。お客様への貢献が自分の幸せになると、1人1人の従業員が体験として知っています。だからこそ、イートインが駄目なら別の方法でお客様を喜ばせようと、新たな取り組みを行うことができたのです。こうした同社の社内文化について、川口氏も次のように話しています。

　「コロナ禍になって当社も4店舗閉店させて、収益構造も変えました。その上で、今、何をすればお客様に喜んでもらえるかを考えてから EC 事業にチャレンジしています。当社の特徴の1つが、粘り強くやり切る文化です。それがあるからこそ、プロジェクトを動かしながら、しっかりとした事業に育て上げることができました。私たちは『タイ料理とタイ文化の普及を通じ、社会へ貢献する』というビジョンを大切にしています。皆で同じ方向を向いて新事業を始められたのも、それを普段から共有できていたことが大きかったですね。」

家庭で手軽に楽しめる冷凍食品スースーデリです。

こうしたビジョンが徹底されているので、同社はデリバリーの取り組みにも成功しています。最初は手探りで始めましたが、クレームなどのお客の声を商品のブラッシュアップに生かして、今では Uber Eats でも人気店の仲間入りを果たしています。飲食ビジネスからフードビジネスへ。SUU・SUU・CHAIYOO は従業員が一丸となって進化しています。

　企業が進化を続ける上で、同社の経営スタイルも重要な役割を果たしたと川口氏はいっています。

　「当社が目指すのはいわば "おみこし経営" です。とはいっても、バブル期に注目を浴びた、トップをミドル層が支えるような経営スタイルではありません。会社というひとつの神輿を、私も含め従業員全員が一緒になって担いでいます。ある意味、とてもフラットな組織です。心理的な安全性も高いので、皆が気軽に意見を言えます。何か問題があっても、皆で同じ方向に走っているので、その場で解決策を出してすぐに行動に移しています。こうした経営スタイルが高い改善力に結び付いているからこそ、コロナ禍という困難な状況も乗り越えられているのではないでしょうか。」

◆ ECサイトでの成功に欠かせない2つの着眼点

　冷凍食品の EC 販売を成功させる上で鍵となるのが商品力と生産能力です。商品があっても生産能力がないと安定して稼ぐことができないし、高い生産能力があっても人気商品がないと売上は上がりません。双方が整って初めて、EC 販売の成功があるのです。もちろん同社では、そのどちらもがそろっています。まず商品開発で重視したのが、ユーザーインの発想です。**プロダクトアウト** ＊ や **マーケットイン** ＊ といったマーケティング用語はよく知られています。しかし、コロナ禍となり、製品や市場から一歩踏み込んで、購入してくれる消費者と向き合う姿勢が重要になりました。実際、緊急事態宣言が明けて通常営業に戻ったとき、売上の戻りが早いのは常連客が多い飲食店です。商品づくりにおいて顧客から発想をスタートさせる姿勢が、今まで以上に必要とされる時代になろうとしています。

＊**プロダクトアウト**　作り手の視点を優先させる商品開発の方法。
＊**マーケットイン**　ユーザーの視点を優先させる商品開発の方法。

　そこで大切になるのが、差別化ではなく「独自化」です。競合他社との比較やマーケット内での比較ではなく、消費者にとって唯一無二の存在になれるかどうか。それが外食企業の命運を握っているからこそ、自分たちの強みを磨いて、独自性をつくりだしていく試みが欠かせません。同社の強みは100％タイ人のシェフたちです。その強みを生かしながら、顧客の意見を取り入れて独自性の強い商品の開発を行っています。

　「スースーデリ」は、まだ力を入れて販促をしていません。Facebookや Twitter、Instagram といった SNS で情報を少し流している程度です。それでも月に 400 万円は売上があります。それは、開発した商品が既存のファンの心をつかんでいるからです。購入したファンが SNS で拡散し、また新しいファンを呼びます。そうした流れが起きると共に、リピート率も高いです。

　現在、「スースーデリ」の商品は、店頭でも販売しています。その効果について、川口氏は次のように話しています。

　「EC サイトを運営する上で、実店舗があることの強みをいかんなく発揮できています。ネットで注文して店舗でピックアップする方もいれば、店舗で見かけて買ってくださる方も多いです。実店舗には、私たちが創業以来培ってきたおもてなしの心が詰まっているので、1 人でも多くのお客様に体験していただきたいと思っています。ですので、今後、EC サイトを強化するのと同時に、**O2O マーケティング**＊を行ってオンラインからオフラインへの流れもつくっていきたいですね。」

　一方で、同社では生産能力の増強も進めており、セントラルキッチンの稼働を 2021 年 5 月末から始めています。冷凍食品は、冷し方でおいしさが全く違います。そこで、セントラルキッチンには急速冷却冷凍装置「3Dフリーザー」をはじめとした最新の機器を導入。塩分濃度や充填作業など、それぞれのメニューのボトムネックを解決しながら、商品力に磨きをかけています。

＊**O2O マーケティング**　「O2O」は、「Online to Offline」の略。オンラインからオフラインへ購買行動を促すマーケティングの手法。

渋谷の店舗を改装したセントラルキッチンでは、当初は1日200袋ほどの生産能力でしたが、現在は1日3000食を生産できるまでになりました。生産能力が増して、販促に力を入れていけば、さらなる売上向上を目指せるので、「スースーデリ」はこれからが本格的なスタートだといっても過言ではありません。

　実際、同社ではBtoBの営業にも力を注いでいます。スースーデリの商品をゴーストレストランへ販売するケースが増えており、その動きは東京都をはじめ、兵庫県、愛知県、静岡県、広島県、鳥取県、山口県、千葉県と全国へ広がっています。同社の店舗は本格的なコックが必要なため、これまでフランチャイズの展開はしていません。しかし、EC販売を始めたことで、思わぬかたちでフランチャイズ展開が実現し、タイ料理を広めていくというビジョンの実現も、より力強く行えるようになりました。

　こうした現状も踏まえて、今後の展開を川口氏は次のように描いています。

　「オンラインとオフラインではカスタマージャーニーが変わります。ECサイトで売上を伸ばすためには、検索や注文といった1つ1つのステップのクオリティを上げていかなければなりません。そこで大切なのは**CS（カスタマーサティスファクション）** ＊よりも**CX（カスタマーエクスペリエンス）** ＊です。ユーザーの反応を見て、ボタンの大きさや注文方法などを柔軟に変えて、顧客体験価値を上げていかなければならないのです。その姿勢は実店舗にも応用できます。顧客体験価値の積み重ねが、当社の展開する4つのブランドの確立にもつながっていくでしょう。私たちの原点は、お客様に喜んでもらえたら自分たちもうれしいという体験です。それが会社の成長につながって、今日まで経営を続けることができました。今後、ECサイトの運営を通して得たデザイン思考も生かしながら、さらに多くの喜びを提供していける組織をつくっていきたいと考えています。」

＊**CS（カスタマーサティスファクション）**　顧客満足の意味。顧客の満足度をはかる指標にする。
＊**CX（カスタマーエクスペリエンス）**　顧客体験の意味。商品やサービスの機能・価格などだけでなく、購入するまでの過程や購入後のフォローまでをも考える新たなコンセプト。

14 株式会社FOOD & LIFE COMPANIES

自社アプリの開発で、待ち時間に関するストレスを軽減。テイクアウトニーズの積極的な取り込みを行い、万人が使いやすいようなシステム設計を実現しました。

◆ DXでテイクアウトニーズの積極的な取り込み

　株式会社 FOOD & LIFE COMPANIES（代表取締役社長 CEO：水留浩一）の子会社である株式会社あきんどスシローは、「うまいすしを、腹一杯。うまいすしで、心も一杯」の企業理念の下、回転すしチェーン「スシロー」の展開を行っています。2011 年に業界首位に立つと、さらにその勢いは加速し、コロナ禍でも堅調な売上を叩き出しました。2021 年 4 月に、「日々の食を美味しくすることで、お客さまの生活や人生までゆたかにしたい」という想いが詰まった FOOD & LIFE COMPANIES に社名変更しました。

　株式会社 FOOD & LIFE COMPANIES は、自社アプリの開発で、待ち時間に関するストレスを軽減。テイクアウトニーズの積極的な取り込みを行い、万人が使いやすいようなシステム設計を実現しました。

▼「スシロー」外観

テイクアウトニーズに積極的に取り組んでいます。

◇ FOOD & LIFE COMPANIESのDX戦略

　「スシロー」の快進撃が止まりません。「スシロー」といえば、株式会社 FOOD & LIFE COMPANIES の子会社であり、回転すしチェーンとして、日本国内はもちろん、アジアを中心に世界で多くのファンを持ちます。2011 年に回転すし業界のトップに立つと独走を続け、コロナ禍の影響が大きかった 2020 年 9 月期の売上高も 2049 億 5700 万円（前年度比 2.9％）となり、過去最高売上を記録しました。

　2020 年は新型コロナウイルスの感染拡大の影響を受けて、外食全体が大きな被害を受けた年です。実際、日本フードサービス協会の調査によると、2020 年の外食業界全体の売上前年比は 84.9％ で、1994 年の調査開始以来、最大の下げ幅となっています。4 月に発出された緊急事態宣言をはじめ、夏休みを直撃した第 2 波や、年末の宴会シーズンを襲った第 3 波など、新規感染者が増えるたびに営業時間の短縮や自粛が求められ、多くの飲食店が厳しい経営を強いられました。その中で、同社の数字は驚異的という他ありません。2021 年度になっても同社の快進撃は続き、2021 年 9 月期の売上は 2430 億円と過去最高の更新を見込んでいます。

　コロナ禍でも売上が好調だった背景には多くの要因がありますが、その 1 つとして欠かせないのが DX です。回転すしの「スシロー」ではコロナ禍前から店舗の DX 化を進めており、その取り組みが、非対面・非接触が求められたコロナ禍の中で大きなアドバンテージとなりました。

　例えば、「**自動土産ロッカー**」です。コロナ禍では外出の自粛が求められ、テイクアウトニーズが高まりました。しかし、会計や受け渡しでスタッフと接触の機会があるので、感染のリスクを完全に拭い去ることはできません。そうした中、自動土産ロッカーなら、事前注文したテイクアウト商品がロッカーに入っているので、誰とも接触せずに受け取ることができます。2019 年 1 月に大阪府の店舗で初めて導入し、2020 年 4 月末時点では 17 店舗に導入されていました。現在、テイクアウト商品を待たずに受け取れるという一面からも注目が集まり、導入店舗数は、2021 年 7 月末時点で 158 店舗まで拡大しています。

　この他にも、「**セルフレジ**」の全店導入を完了させたり、「**自動案内**」システムの導入店舗を増やしたりと、他の外食企業と比較して突出した取り組みは多いです。

　最近では、AIを活用した「画像認識による自動会計システム」の実証実験を行うなど、幅広い領域でDXが推進されています。

スシローのDX化の試み(図表3-8)

非対面、
非接触を実現！

▲自動土産ロッカー

▲自動案内

▲セルフレジ

そうした取り組みの1つに「**スシローアプリ**」があります。同アプリも
コロナ禍の中で強力な存在感を示したツールですが、コロナ禍前の2015
年から運用していました。それだけでなく、グループインタビューやユー
ザビリティーテストを経て2020年10月にリニューアルも行い、ユーザー
と店との有意義な関係性をつくり出す上で必要不可欠なツールとなってい
ます。

◇ スシローアプリが解決した2つの課題

「スシローアプリ」でできることは、大きく「来店予約・受付」と「持ち
帰り注文」の2つです。まず来店予約を設けた背景について、同社上席執
行役員の小河博嗣氏はこのように語っています。

「アプリには、お客様の貴重な時間を奪うことなく、スシローでの食事
の時間を楽しんでもらいたいという思いが込められています。アプリ運用
前は、店が満席の場合、お客様には店舗で順番待ちの整理券を発券しても
らって、そのままお待ちいただいていました。

しかし、それだと混雑状況は来店してからでないと分かりません。です
ので、来店した後、待ち時間が長いと分かったら別の店に移動してしまう
お客様も多くいました。

また、長時間待ったにもかかわらず、なかなか順番が巡ってこないで諦
めて帰ってしまうお客様も少なくありませんでした。

事前に、待ち時間がどれくらいなのか分かった上で、店外でも整理券が
発券できると、お客様はショッピングを楽しんだり、他の用事を済ませた
りと、待ち時間を有意義に使うことができます。そこで、トータルでスシ
ローでの体験価値を上げたいと思い、来店予約ができるアプリを開発しま
した。」

アプリに来店予約機能を付けた結果、待ち時間の不満が解消されてお客
からのクレームが激減しました。そればかりか、スシローでは客数増加の
要因の1つとして、アプリが寄与していると分析しています。

　待ち時間が分かるようになってお客の来店時間が分散され、ピークの裾野が広がったのです。それが客数の増加にも結び付いているとにらんでいます。

　また、「持ち帰り注文」の機能がもたらしたメリットも大きいです。それに関して、同氏は次のように話しています。

　「以前は、テイクアウトの注文は電話とFAX、来店で承っていました。しかし、それらの方法だと、注文を受けるスタッフが注文内容を紙やデジタルツールへ写し直さなければなりません。その結果、作業のミスが発生する可能性も高まります。現に、当社でもそうしたミスが目に付くようになって、アプリでの注文方法も追加しました。

　アプリでの注文が大きな効果を発揮したのは、1回目の緊急事態宣言が発出されたときです。当時、想定以上の数のテイクアウトの注文が、想定外の時間に入りました。もし電話とFAX、来店だけだったら、全ての注文に対応し切れなかったでしょう。1本の電話にスタッフが必ず1人は付くので、それだけでも確実に取りこぼしがあったはずです。

　しかし、アプリだと、システムが自動で注文を受け付けてくれます。また、アプリの裏側ではテイクアウトシステムが稼働していて、在庫との連携もできていました。そのため、ネタに欠品が出たらオーダーストップもしてくれます。今までなら欠品に気付かずに注文を受け付けてしまって、お客様が来店されてから謝罪と合わせて、他のネタに変える交渉をするケースもありました。そうした手間が省けて、ほぼ全ての注文を受け付けられたメリットはとても大きかったです。」

　緊急事態宣言が発出されてから、スシローではアプリのボタンの位置や大きさ、色を変えて、持ち帰り注文がしやすいような工夫を重ねました。こうした積み重ねがテイクアウトニーズの取り込みにつながり、コロナ禍での同社の売上を下支えしたのは間違いありません。

◇ 常に改良を重ね進化を続けるアプリ

　「スシローアプリ」にはポイント機能も搭載されており、「まいどポイント」という来店ポイントを付与しています。ランクは「鉄火巻」から「軍艦ねぎ鮪」「漬けまぐろ」と上がっていき、最終的に「大とろ」にたどり着くという遊び心あふれる仕掛けを施しています。特典も「50円引き」から「100円引き」「だっこずしグッズ」「大皿特典」まで幅広いです。こうした工夫がアプリの利用頻度を高め、リピートの促進にもつながっています。

　現在、アプリで予約してから来店するお客が大半を占めます。他店のアプリの中には、ダウンロード特典などを付けて、少しでもユーザー数を増やそうとする戦略を取るものも多いです。「来店時割引」などを行って、ダウンロードを促す施策を行う飲食店も目立ちます。しかし、スシローアプリはそうした戦略を採用していません。「アプリでしか予約ができない」ということが何よりの特典となり、ダウンロードが自然に進んでいるのです。

　その背景には、常に使いやすいアプリになるように改良を続けているスシローの姿勢があります。一例を挙げると、待ち組数の表示です。実をいうと、以前は、アプリに待ち時間だけが表示されていました。しかし、食事時間はテーブルごとに異なるため、待ち時間もずれることが多いです。そうなると「5分待ちの表示だったのに、10分も待たされた」といったクレームが来てしまいます。とはいえ、それぞれのお客の食事時間をピンポイントで当てるのは難しいです。そこで、当てる精度を高めるのではなく、待ち時間の横に整理券番号も併記するようにしたところ、お客からのクレームが激減しました。お客は理不尽だと感じる行為をされると怒りが湧きますが、その理由が分かると怒りはおさまります。そもそも順番待ちシステムは、待ち時間を保証するものではありません。あくまでも順番を保証するシステムです。お客がよりストレスを感じることなく、スシローでの時間を楽しめるようになったのは、整理券番号の可視化によって、そうしたメッセージも伝えることができたからでしょう。

　「スシローアプリ」が進化を続けられる要因としては、担当者の取り組みによるところが大きいです。アプリのレビューを毎日チェックしたり、コメントが付いたらすぐに対応したり、カスタマーサポートに入ってくる内容を確認したりして、常に顧客目線で仕事に取り組んでいます。また、ユーザーとして自分でもアプリを使いこなしながら、使いづらい点があれば柔軟に変更も行っています。こうした地道な取り組みが、多くのお客に使われるアプリを実現しています。デジタル化を進める際、年配の方が使用できるかどうかを心配する企業は多いです。また、コロナ禍でかつての勢いはないが、インバウンド需要が戻ったら海外の方も再び訪日するでしょう。そうなると、海外の方でも使いこなせるシステムでなければ、狙った効果を得ることができません。

　そうした状況の中、アプリをはじめとしたスシローのシステムは、いずれも幅広い方が使いこなせていると話題です。スシローのシステムは、ボタンを押すだけで難しい操作を要求しません。ゴールに至るステップも分かりやすく設計されているので、次に何をやればいいのかをすぐに理解できます。もちろん海外の方でも使いこなせるように多言語表示も行っています。こうしたシステム設計に関する考えについて、小河氏は次のように説明しています。

　「UIに関するヒントは世の中にあふれています。飲食店はマスを相手にしたビジネスなので、空港や駅といった多くの人が集まる場所での取り組みは特に参考になります。車の道路標識や地下鉄の沿線図などもそうです。海外の方でも分かりやすいように、それぞれ工夫されたUIを作っています。ネットとリアルをうまくつなぐには、アナログな発想も必要です。だからこそ、普段の生活の中に隠されている英知の結集も参考にしながら、スシローでの体験がさらに価値のあるものとなるように取り組んでいきたいです。」

　社名を変えて、海外展開をさらに加速させた同社。その勢いを、DX戦略が支えていくのは間違いありません。

⑮ 株式会社ダイヤモンドダイニング

カスタマイズとパーソナライズに対応し、ダイナミックプライシングも実施。システムも含めてつくり込み、まねされない業態を実現しています。

◇ DXで業態づくりを効率化

　株式会社ダイヤモンドダイニングは、株式会社DDホールディングスの連結子会社。「強い信念と誇りを持って『Enjoy』を追求する」という理念の下、ダイニングや居酒屋、カフェなど多様な業態を展開。価格帯も大衆からラグジュアリーまで幅広く、同社の店舗のファンは多いです。100業態100店舗を実現した実績もあり、その業態づくりにたくさんの業界関係者が注目を寄せます。

　株式会社ダイヤモンドダイニングは、トレタ社の店内モバイルオーダー「**トレタ O/X**」を導入し、カスタマイズとパーソナライズに対応したほか、ダイナミックプライシングも実施。システムも含めてつくり込み、まねされない業態を実現しました。

▼「焼鳥IPPON」外観

モバイルオーダーにも力を注いでいます。

❖ 新しい時代にフィットした飲食店の誕生

　コロナ禍で人の流れが変わり、飲食店の使われ方も大きく変わりました。加えて、営業時間の短縮やアルコールの提供停止などの影響が深刻化し、業態の在り方そのものが変わろうとしています。現在、その変化をキャッチして、いち早く時代にフィットした業態をつくろうと試行錯誤している企業は多いです。

　しかし、従来の延長線上ではない、別のアプローチが必要なため、なかなかうまく進んでいないのが実状です。それでは一体どうやって既存の成功方程式から脱却して、新しい業態をつくりあげ上げていけばいいのでしょうか。その問いに対するひとつの答えが、株式会社ダイヤモンドダイニングの運営する「焼鳥 IPPON」です。

　同店は 2021 年 9 月 1 日のオープン前から、大きな注目を集めていました。なぜなら DX を活用して、カスタマイズとパーソナライズに対応した店を実現させようとしていたからです。それを成し遂げる上で欠かせないのが株式会社トレタの開発した店内モバイルオーダー「トレタ ○/X」に他なりません。それにより「個人注文」と「個人会計」、「完全キャッシュレス決済」を実現し、これまでにない顧客体験を提供しながら新しい時代にフィットした外食の楽しみ方を伝えています。

　同店のオープンの背景について、株式会社ダイヤモンドダイニング取締役副社長の鹿中一志氏は、次のように話しています。

　「コロナ禍になってから、中村社長（株式会社トレタ代表取締役の中村仁氏）と、これからの飲食店の在り方について話し合う機会がありました。話題の中心は店舗の DX 化です。現在、お客様の飲食店での体験は『探す・見つける』から始まって、『予約』『来店』『メニュー』『注文』『食事』『支払い』『評価・シェア』に分かれています。このうち、探す・見つけるや予約、評価・シェアはテクノロジー化されていて、オンラインが当たり前です。しかし、メニューや注文、支払いは、コロナ禍で非接触がキーワードになったにもかかわらず、テクノロジー化があまり進んでいません。だからこそ、何とかそこもテクノロジー化して、新しい時代にフィットした店を実現できないか、と話し合っていました。しかし、ただ人件費を下げよ

うとか、生産性を向上させようという話ではありません。それらはもちろん実現した上で、より顧客体験価値を上げるために、お客様が手元に持っているスマートフォンを活用して、もっと面白い体験を提供したいと考えていました。とはいえ、僕らが単独で店を作ったとしても、これまでの延長線上の発想しかできません。また、既存の店舗にテクノロジーを導入しても、最適な環境を実現できないでしょう。それならば互いの知見を出し合って、トレタさんと一緒に一からお店をつくるのがベストだと結論付けて、プロジェクトがスタートしました。」

　こうしてできあがったのが、「焼鳥 IPPON」です。同店では、デジタルでないとできないカスタマイズやパーソナライズを突き詰めて、1人1人のお客様に徹底的に寄り添うことを大切にしています。
　例えば、同店では焼き鳥はもちろん、サラダのトッピングや飲み物の濃さも自分好みのものを選ぶことが可能です。グループで焼き鳥を食べに行った際、タレ派が多いけれど自分は塩がいい、といったジレンマに襲われるケースは多いです。また、盛り合わせの場合、モモやネギマ、レバーなど、食べたいものがかぶってしまい、互いに遠慮し合って気疲れする場面も目立ちます。しかし、トレタ O/X では個々でオーダーするため、そうしたストレスがありません。その場にいる皆が、気兼ねすることなく楽しい時間を過ごすことができます。
　トレタ O/X の強みが顕著に表れるのがランチです。同店では主菜や副菜などを自由に選べる「ランチ御前」を提供しています。こうしたスタイルのランチを提供している飲食店は多いですが、オーダーが複雑で1つ1つにかなりの時間を取られてしまい、スタッフが何人いても足りなくなります。加えて、ランチ帯は限られた時間に一気にお客様が来店します。案内や会計が追い付かず、なかなかオーダーを取れないというケースも少なくありません。これでは顧客満足度は低下してしまうでしょう。しかし、トレタ O/X なら、お客様が自分でオーダーするので、スタッフの時間が取られません。それだけでなく、オーダーミスがなく、会計もキャッシュレスなので、とてもスマートな環境が実現します。

　さらに、焼鳥 IPPON ではダイナミックプライシングも行っています。これまで多くの飲食店が金曜日のピーク帯に無理やりお客を詰め込んでいました。しかし、その結果、料理やサービスの質が下がってしまい、結局リピートに結び付かないという悪循環に陥っていました。一方で、週の前半はガラガラで、食材や人件費のロスが出ているケースもあります。こうした状況を改善するため、同店では、ピーク帯は定価で提供する一方、その他の時間帯にはドリンクを安価で提供することで需要を分散。客入りに大きな波を作らないことでシフトを組みやすくし、仕入れも安定させてロスを少なくさせました。つまり、トレタ O/X を活用することで、曜日、時間帯、混雑具合によって価格を変えて需要を平均化し、コスト体質の改善と安定した顧客サービスに結び付けたのです。

　従来の飲食店では、予約から来店、オーダー、会計まで、それぞれの体験がぶつ切りになっていて、スムーズな顧客体験を提供することができませんでした。その原因の多くが、最初にオペレーションや業態を決めてから、導入するサービスを決定していたことにあります。「焼鳥 IPPON」では業態開発の段階からトレタが入り、これまでとは全く逆のアプローチを取って、デジタルから業態を決めています。だからこそ、新しい時代にフィットした飲食店を実現できたといっても過言ではありません。

◈ 既存のサービスとは一線を画すトレタO/X

　トレタ O/X の誕生の背景には、トレタ代表取締役の中村仁氏が長年外食業に携わってきて感じた、既存のモバイルオーダーに対する疑問があります。それが「オーダーテイクの定義付けの間違い」と「メニューブックの捉え方」、そして「モバイルオーダーの運用」の3つです。トレタ O/X は、3つの疑問を全て解決した上で、理想のモバイルオーダーを実現しようという思いで開発されています。

　まず、1つ目の「オーダーテイクの定義付けの間違い」から説明しましょう。飲食店の中には、オーダーテイクのことを「お客様から厨房への、ただの注文情報の伝達」だと思っているところが少なくありません。そのため、お客様の飲みたいもの、食べたいものをキッチンに伝える役割を、人から

テクノロジーに置き換えて、情報を飛ばせるようにすればいいだろうと考えがちです。

しかし、それは誤った認識に他なりません。オーダーテイクとは、ただ単純にお客様のオーダーをキッチンに伝えるだけではなく、お客様の意思決定を支援するものなのです。例えば、濃い味が好きな方に薄口の料理をおすすめしたら、そのお客様は二度と来店されません。つまり、何を食べて、何を飲むかで、お客様の体験価値は大きく変わるのです。

多くの店では紙のメニューをベースに、お客様の質問に答えたり、アドバイスをしたり、おすすめを提案したりして、顧客体験価値の向上を図ってきました。それにもかかわらず、オーダーを飛ばすだけのモバイルオーダーに切り替えてしまうと、この機能が失われてしまい、お客様は何を食べればいいのか分からなくなってしまいます。だからこそモバイルオーダーは、お客の意思決定を支援する機能を持っていなければなりません。

２つ目は「メニューブックの捉え方」です。既存のモバイルオーダーでは、メニューブックを商品一覧だと捉えているケースが多く、料理名がただ並んでいるだけのサービスも珍しくありません。

しかし、メニューブックはメディアです。現在、多くの飲食店がそれぞれのこだわりで差別化をしており、以前に比べてハイコンテクスト化しています。店の世界観や、どんな楽しみ方をしてほしいか、どんな食材を使っているかなど、店がお客様に伝えたいことを挙げたらきりがありません。ところが、ハイコンテクスト化が進んだ結果、情報が多くなり過ぎて、店員の説明だけでは伝え切れなくなってしまいました。そこで重要なのがメニューブックの存在です。

実際、メニューブックで売上は変わります。それを理解している経営者も多く、何店舗も展開しているにもかかわらず、いまだにメニューだけは自分で手書きしている方もいるほどです。それくらい、メニューブックはお客様に伝えたいメッセージを伝える大切な手段でありメディアなのだ、という視点は必須です。

　そして3つ目が「モバイルオーダーの運用」です。ここ最近、モバイルオーダーを導入したものの、メニューが整理されていなかったり、ジャンル分けがされていなかったり、写真が登録されていなかったり、料理の説明がなかったりと、運用がうまくいっていない飲食店が散見されます。

　理由は、店側に運用が丸投げされてしまっているからに他なりません。店側は運用の大切さを分かっていないため、結果として、メニューブックの劣化が起こってしまうのです。

　本来は、ECサイトやオンラインゲームがPDCAを回してサービスを改善することで売上を伸ばすのと同じことを、モバイルオーダーでやりたいと思って導入を決めたはずです。それを実現するには、ベンダーと店舗が並走しつつ、メニューを磨く姿勢が欠かせません。

　とはいえ、モバイルオーダーは、スタッフとお客様のコミュニケーションの機会が少なくなってしまうため、導入をためらう飲食店は多いです。そうした姿勢に中村氏は懐疑的な見方を示し、次のように話しています。

　「昨今、多くの日本の飲食店が"おもてなしの呪い"にかかっていると感じています。店員が膝を突いてオーダーを聞いたりするサービスを、お客様は本当に求めているのでしょうか。例えば回転寿司はテクノロジー化を進め、店員はほとんど接客していませんが、皆、何の不満も感じないどころか、その利便性を心地よく感じ、食事を心から楽しんでいます。

◀既存のオーダーシステムと一線を
　画す「トレタO/X」
　※画像はイメージです。

つまり、Face to Face の接客を過度に聖域化してしまった結果、人からテクノロジーへの置き換えに対する抵抗が大きくなっているのです。テクノロジー化を進めることは悪ではありません。大切なのは、顧客体験価値をいかに上げるかという視点ではないでしょうか。」

◇ 「焼鳥IPPON」が飲食店の在り方を再定義する

　外食業界では、ヒット店舗ができたらまねされるのが常識です。繁盛店のすぐ近くに、店名やメニューが同じような店がオープンするという例も珍しくありません。そうした中、「焼鳥 IPPON」はシステムも含めてつくり込んでいるため、他社が簡単にまねできない業態に仕上がっています。それはつまり、店舗の独自性や顧客体験価値で勝負できる、ということの証左に他なりません。そうした流れが加速していくと、飲食店の戦い方が大きく変わってくるでしょう。

　実際、トレタ O/X の考えを究極的に突き詰めていくと、ホールスタッフの作業は限りなくゼロに近付きます。それと同時に、トレタ O/X には絶対にできない役割も浮かび上がってきます。その１つがお客との "雑談"です。人の仕事をテクノロジーが行うようになると、スタッフには雑談力など、人にしかできないスキルが求められるようになります。そうなるとサービスが変わり、教育が変わり、採用基準まで変わってくるでしょう。そうした変化を踏まえて、中村氏も「トレタ O/X の可能性を信じてくれるお客様と手を取り合って、インパクトのある変化を起こしていきたいと考えています」と語っています。

　その変化は確かに起こりつつあります。現に、「焼鳥 IPPON」ではいち早くテクノロジーにはできない仕事に力を注ぎます。もともとダイヤモンドダイニングにはサービスレベルの高いスタッフが多く在籍していました。トレタ O/X のおかげで、彼らがその力をより効果的に発揮できる環境が整い、それが次の時代を勝ち抜く力になろうとしているのです。それについて、鹿中氏はこう話しています。

　「以前から、多くのスタッフがもっとかゆいところに手が届くサービスをしたいと考えていたことでしょう。しかし、10名以上の宴会を回しながらそれを実現させるのは無理です。皆、我慢しながらサービスをしていたと思います。でも、テクノロジーを活用すれば、それも実現できます。実際、トレタO/Xを活用し始めてから、人を多くかけているのが食事のフェーズです。そこで焼き鳥の組み合わせの説明をしたり、テキストや動画では分からない魅力を伝えたりしてもらっています。また、お客様がトレタO/Xを使ってオーダーなどをする際、ご自身のニックネームを入力します。そのことを通して、ファンづくりもしやすくなりました。

　優秀なスタッフなら、結構な数のお客様の顔と名前を覚えることができるでしょう。しかし、普通なら10人も覚えられたらいい方です。そうしたスタッフでもトレタO/Xなら、ニックネームからお客様の来店履歴が分かります。それを活用すれば、『今日も濃い目のレモンサワーにしますか』と声をかけることができます。そうしたやりとりを積み重ねていけば、焼き鳥を食べに来るのはもちろん、スタッフに会いにやってくるお客様も増えるのではないでしょうか。」

　今後、ダイヤモンドダイニングでは「焼鳥IPPON」の展開に力を入れて、50店ほどの多店舗化を目指すとのこと。飲食店の在り方を再定義しながら、同店が外食業界に大きなうねりを起こしていきます。

memo

4 成功するプロジェクトの進め方

DXを成功させるために企業はどんな進め方をしているのか。「丸亀生麺」などを手掛ける株式会社トリドールホールディングス、カスタムサラダ専門店を展開する株式会社CRISPの事例から詳しく説明していきましょう。

先を行く企業から学ぶDX化①
株式会社トリドール
ホールディングス

「丸亀製麺」など多数のブランドを展開し、外食業界を牽引している株式会社トリドールホールディングスの DX を紹介しましょう。

◆ トリドールホールディングスのDX推進の歴史

　「丸亀製麺」をはじめ、「コナズ珈琲」や「肉のヤマキ商店」「立呑み晩杯屋」などのブランドを展開し、外食業界を牽引している株式会社トリドールホールディングス。同社は日本だけでなく、海外市場の開拓にも力を入れており、2021 年 9 月末時点で国内 1091 店舗、海外 625 店舗の計 1716 店舗を展開しています。

　同社が目指しているのが「日本発のグローバルフードカンパニー」です。その壮大なビジョンを実現すべく、ここ数年、DX の推進にも力を注いでいます。その取り組みは緻密でスピード感があり、そしてダイナミックです。現在、外食業界を越えて広く注目を集めており、視察に訪れる企業も多いです。

　まずは、トリドールホールディングスにおける DX 推進の歴史について紹介していきます。

トリドールホールディングスDX推進の歴史（図表4-1）

年月	出来事
2019 年 9 月	CIO のポストを新設し、磯村氏（後述）が就任。社内の各部署にヒアリングして「IT ロードマップ」策定。
3 月	3カ月というスピードで社内の全システムのサーバーを AWS へ移行
4 月	コミュニケーションプラットフォームなどを変えて、DX 化を加速
10 月	IT 本部を BT 本部へ改組し、その下に DX 推進室を設置
2021 年 1 月	「IT ロードマップ」をブラッシュアップした「DX ビジョン 2022」を発表
4 月	経済産業省が定める DX 認定制度に基づく「DX 認定事業者」認定取得

◇ DX推進の前提となる社内環境づくり

トリドールホールディングスでは、どのようなビジョンの下、どういった体制を築いてDXを推進しているのでしょうか。同社執行役員CIO兼CTO、BT本部本部長の磯村康典氏に話を聞きました。

> **まずはDXの推進を始めた時期と、目的を教えてください。**

当社でDXという言葉を本格的に使い始めたのは、2020年の10月頃からです。しかし、DXという言葉が世の中で浸透し始めるよりも前に、その取り組みは始まっています。実は長年、従業員が業務・システムに強い不満を抱いていたのです。その状況を見た経営陣は、いずれ成長の足かせになると感じ、デジタル経営基盤を再構築するため立ち上がりました。

DX推進の目的は、当社が掲げている"グローバルフードカンパニー"というミッションを、よりスピーディーに、よりスムーズに実現するために他なりません。当時、まず手がけたのはCIO＊のポストの新設です。合わせて、それまでは管理本部の下にIT部門があったのですが、そこでは課題を適切に解決することができなかったため、専任の部署を設けることになります。それが当社のDX推進の始まりです。

> **社内でDXに関する問題意識があったということですね。**

はい、先ほど申したように従業員が業務システムに強い不満を抱いていて、経営陣もそれに強い危機感を抱いていました。こういう土壌があるからこそプロジェクトがスムーズに進みます。何の問題意識もなかったらDX推進にも意義を見いだせないので、当然、反発もあるでしょう。「なぜそれをやるのか」という説明から始めて、皆に納得してもらわなければなりません。問題を問題と認識すること。それがベースにないと、DX推進の成功は難しいのではないでしょうか。

＊**CIO** Chief Information Officer の略。最高情報責任者。

どのタイミングで CIO の役職に就くのですか。

　私は 2019 年 9 月に着任しました。着任後、すぐに行ったのが現在の「DX ビジョン 2022」（図表 4-2 参照）のドラフトにもなっている IT ロードマップの作成です。同時に、全部門の従業員に現状をヒアリングしました。そこで明らかになったのは、やはり現状に不満を抱いていたということです。それを踏まえて IT ロードマップを完成させ、同年 12 月に全社に示しました。その後も IT ロードマップはブラッシュアップを続け、2021 年 1 月に「DX ビジョン 2022」として改めて全社に示しています。

DXビジョン2022（図表4-2）

DX ビジョン 2022

トリドールグループは、経営戦略の一環として変化の激しいビジネス環境下で多様化するお客様のニーズや社会課題に柔軟かつ機動的に対応するために、デジタルトランスフォーメーション（DX）の推進を強化し、以下の取り組みによりビジネスプロセスの最適化へ取り組んでまいります。

① 老朽化したオンプレミスの業務システムを廃止し、クラウドとサブスクリプションの組み合わせで業務システムを実現する

② 無力化した境界型ネットワーク（VPN）を廃止し、ゼロトラストネットワークによるセキュリティを実現する

③ バックオフィスのオペレーション業務は社内で行わず、業務プロセスアウトソーシング（BPO）センターへ集約する

そうした従業員の方の声を IT ロードマップにも反映して、進むべき方向性を決められたのでしょうか。

　いいえ、出てきた不満を全て解決しようとは思っていませんでした。ヒアリングはあくまでも現状の把握が目的です。そこから答えを見いだそうとしてはいけません。むしろヒアリングからは答えは見えないでしょう。現場は、問題は見えていますが、答えを持っていません。解決策を考えるのは CIO である私をはじめとしたプロジェクトチームの仕事です。ここを見誤ってはいけません。

そもそも、現場の意見が正しいという前提に立つと、現在使っているシステムの改善だけになってしまいます。それでは現状の延長線上になってしまい、力強い変革はできないでしょう。当社が目指しているのはグローバルフードカンパニーの実現です。だからこそ、それにふさわしいテクノロジー基盤をつくらないといけません。その具体的な在り方を描くのが私のミッションです。

DX 推進には、ゴールから逆算した思考が求められるのですね。

　はい、その通りです。当社は 2021 年 3 月期決算での売上収益が 1347 億 6000 万円です。それを 2000 億円の売上にしようという目標ならば、これまでの延長線上で十分に届くので、変革をしようとは思わないでしょう。しかし、1 兆円を目指そうという目標を掲げたら、今までのやり方を捨てなければなりません。そこがポイントです。

　同じように、1 万店を目指すとなると、今までと同じ方法では到達しません。何年かかっても目標は目標のままです。本気で目標を達成しようと思うのならば、もっと迅速に変化に対応して成長スピードを上げていかなければいけません。

　そうした目標と現状の差が経営陣の危機感も生みます。それがトップの明確なメッセージとなって皆に危機感を共有させるので、DX もスムーズに推進していくことができるのです。

先ほど、2020 年 10 月頃から DX という言葉が社内で使われ出したというお話がありました。何かきっかけがあったのでしょうか。

　きっかけは、経済産業省が定める「DX 認定制度」の認定事業者になろうとしたことです。認定を目指し、当社では 2020 年 10 月に IT 本部を廃止し、新たに BT 本部を立ち上げました。さらにその下に DX 推進室も設置して、会社として本格的に DX 推進に取り組んでいくことになりました（図表 4-3）。

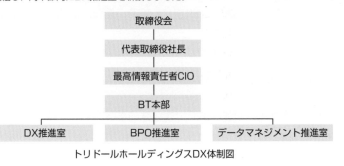

DX推進体制(図表4-3)

当社グループは、デジタルトランスフォーメーション（以下、DX）の推進を強化するため、2020年10月1日付でIT本部をBT（ビジネストランスフォーメーション）本部へ改組し、同本部内にDX推進室を新設しました。

取締役会

代表取締役社長

最高情報責任者CIO

BT本部

| DX推進室 | BPO推進室 | データマネジメント推進室 |

トリドールホールディングスDX体制図

　そもそもDX認定事業者になろうと思ったのは、当社の取り組んでいる内容が経済産業省の定めたDXの定義と一緒だったからです。現在、DX認定事業者は209社ありますが、当社は外食企業初のDX認定事業者です。業界として生産性の向上は急務です。これからもっと多くの企業に認定に向けて取り組んでもらえたら、業界全体の革新のスピードはさらに上がるのではないでしょうか。

> DXの推進にあたっては、目の前の課題の解決を優先してしまって、どうしても部分最適に陥りがちです。どうすれば組織全体を見てDXを推進できるのか、教えてください。

　CIOの役割が重要です。そもそもDXという言葉が一般的になって以降、「人事のDX」や「営業のDX」という言葉を聞くことがありますが、部分最適に対してDXという言葉を使用することは、適切ではありません。先ほどお話しした経済産業省の定義にもあるように、テクノロジーなどを活用して、組織はもちろん、プロセスや企業文化・風土を変革していくことが必要です。それを実現するには財務諸表だけが読めてもだめで、経営計

画も理解していなければなりません。必要なのは IT も経営もファイナンス
も分かっている人材です。それは CIO に他なりません。

●**まとめ**

① IT に関する課題感を全社で共有する

②現場の意見を聞き過ぎない

③ IT も経営もファイナンスも分かる人材をアサインする

◇ 具体的なDX推進のステップ

> **DX を推進して企業を変革する上で、御社ではまず何から手を付け
> たのでしょうか。**

　どのように DX を推進していくのかというビジョンを、最初に全て考え
切りました。当社の場合、2019 年 12 月の時点で、「DX ビジョン 2022
の推進シナリオ」（図表 4-4）をつくっています。

DXビジョン2022の推進シナリオ（図表4-4）

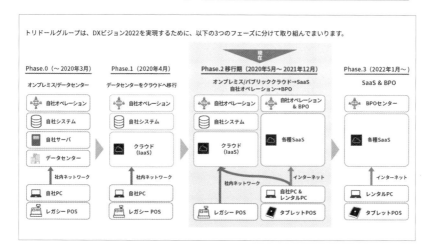

そこに、DXを実現するために具体的にどのようなステップを踏んでいくのかを、フェーズ0からフェーズ3までで明示しました。

推進シナリオは会社の中期経営計画に紐付いていて、それぞれ具体的に何をやればいいのかを「トリドールのDX推進プロジェクトの進捗状況」(図表4-5参照)にまとめています。

トリドールのDX推進プロジェクト(サブプロジェクト)の進捗状況(図表4-5)

プロジェクト	サブプロジェクト	進捗率
中食ニーズへの取り組み	タブレットPOSの導入	83.4%
	キャッシュレス決済	91.9%
	モバイルオーダーの導入	61.4%
	デリバリーの導入	39.6%
	共通ポイントの導入	77.2%
	各種優待券の電子化	0.0%
	自動釣銭機の導入	5.3%
グローバルプラットフォームの構築	SFL管理システム	100.0%
	需要予測・WSの自動作成	0.0%
	店舗検索システム	67.2%
	子会社のPMI推進	0.0%
人材開発プラットフォームの構築	人事労務システム	33.3%
	顔認証勤怠システム	0.0%
	人事評価/人材DBシステム	66.6%
	教育研修システム	0.0%

プロジェクト	サブプロジェクト	進捗率
サプライチェーンプラットフォームの強化	帳合・物流切替え	100.0%
	レシピ管理システム	100.0%
	物流拠点の追加	100.0%
	受発注管理システム	0.0%
	デジタルフードセーフティ導入	0.2%
	需要予測・発注数の自動算出	0.0%
業務システムのSaaS移行	iPaaSによるSaaS間連携	42.8%
	ゼロトラストセキュリティ	75.0%
	データ分析のSaaS移行	0.0%
	稟議システムのSaaS移行	100.0%
	レガシーシステムの廃止	13.2%
バックオフィス業務のBPO移行および電子化	経費精算業務のBPO移行	100.0%
	請求書受領業務のBPO移行	100.0%
	商系入力業務のBPO移行	40.0%
	庶務業務のBPO移行	0.0%

※進捗率は、導入済みの会社数・店舗数の割合です。仕掛中のプロジェクトは進捗率0%としています。 (2021年10月5日時点)

例えば、コロナ禍で当社が注力しているのは「中食ニーズへの取り組み」です。それを実現するには「タブレットPOSの導入」や「キャッシュレス決済」「モバイルオーダーの導入」などが欠かせません。そのため、中期経営計画の経営テーマがスムーズに実現するように、プロジェクトを幾つかのサブプロジェクトへ分割してから実行しています。

　ここまで来ると、プロジェクトマネージャーさえいれば、DX を推進することが可能です。合わせて、「DX ビジョン 2022 の基本ルール」（図4-6 参照）を作成して、DX 推進の 6 つのルールも決めました。

DXビジョン2022の基本ルール（図表4-6）

①IT 機器・ソフトウェアは「サブスクリプション、ノンカスタマイズ」

②バックオフィス業務は「業務プロセスアウトソーシング（BPO）」

③ネットワークは「ゼロトラストセキュリティ」

④アカウントは「シングルサインオン、ユーザープロビジョニング」

⑤店舗・メニュー情報の「マスタプロビジョニング」

⑥取引データの「電子化と自動仕訳」

> DX を推進する際、どの業務をテクノロジーに置き換えて、どの業務を人に任せるか迷うケースも多くあります。御社ではその線引きをどのようにされたのですか。

　線引きのために必要なのが企業の経営方針です。当社の場合、ミッションやビジョンはもちろん、粟田（株式会社トリドールホールディングス代表取締役社長兼 CEO の粟田貴也氏）が何を大切にしているのかという価値観をしっかりと確認した上で、線引きを決めました。

　そもそも当社の強みは 3 つに集約できます。それが「オープンキッチンがもたらす手づくり実演の熱気」と「できたての美味しさの提供」「人の温もりを意識した接客」です。それらを価値としてお客様に提供しながら成長してきたので、安易にデジタル化をしてはいけません。トリドール流として残していくのはもちろん、私たちが磨き続けていくべき箇所です。

　しかし、店舗を支えているバックオフィス業務はトリドール流である必要がありません。そうした業務は多くの企業の叡智を集めて誕生したサービスがあるので、積極的にデジタル化による業務改革を進めるべきです。

　こうした方針を「トリドールの DX 基本方針」（図表 4-7 参照）にまとめて、

何にテクノロジーを活用し、何を人の手によって行うかの線引きをしています。

トリドールのDX基本方針（図表4-7）

・トリドールの店舗では、お客様へ感動を提供し続けるため、実演調理と接客に手間を惜しまず、人の手によって実現していく。

・店舗を支えるバックオフィス業務は、変化への対応力と事業継続性を高めるために、業務プロセスの最適化を徹底していく。

「残すべき自社の強み」と「変化すべきもの」を明確にすること

御社では DX を推進する前に、まず道筋や方向性を具体的にしたのですね。それでは、「DX ビジョン 2022 の推進シナリオ」を本格的にスタートさせた一手目を教えてください。

IT 部門の変革です。以前から、多くの従業員が IT 部門に強い不信感を覚えていました。そのため、IT 部門から変わらないと、誰からの協力も得られないと思ったのです。そこでまずは自社サーバーとデータセンターをクラウドに置き換えて、自分たちから変革を始めました。

「DX ビジョン 2022 の推進シナリオ」のフェーズ 0 からフェーズ 1 への移行を 3 カ月というスピードで実現しています。全てのシステムのサーバーを AWS（Amazon Web Services）へ移行するのと同時に、会計システムも SaaS に切り替えました。その結果、クラウドなのでハードが壊れたり、ディスク容量が足りなくなったりする問題が起きないため、障害が発生しなくなりました。システムに関連するストレスが大幅に減少して、従業員の作業の効率が上がりました。

また、IT 部門から変えたことによって、社内全体に改革の熱量が伝わったのも大きな収穫です。しかも 3 カ月というスピードで改革をやり遂げたので、DX 推進について周りからの協力が得やすくなりました。

> **DX 推進の機運が一気に高まったのですね。フェーズ2に向けては何をされたのですか。**

皆が変革を体感できるように、Microsoft 社の「Office 365」（現・Microsoft 365）を導入しています。IT 部門を変えて、経理部門を変えて、そしてコミュニケーションプラットフォームも変えて、社内の DX の流れを加速させました。

その次に変えたのは、経費精算システムです。これまでのアナログのやり方を変えて、領収書を写真に撮ると精算ができるシステムを導入しました。とても便利なシステムなので、DX を推進するといかに利便性が高まるかを多くの従業員に実感してもらえたと思っています。

なお、コロナ禍でリモートワークをする必要が出てきた際、役に立ったのが「Microsoft Teams」です。全従業員を巻き込んで DX 推進の取り組みに力を入れてきたため、全社に3日間で展開することができました。

> **クラウドに関してはデータ漏洩などを心配する人もいます。そうした点はどのように捉えているのか、教えてください。**

確かにセキュリティやコストを心配する人はいるかもしれません。しかし、パブリッククラウドの方が自社でサーバを保有するよりも安全だと言い切れます。そもそも最新のセキュリティに関するノウハウが自社にあるでしょうか。AWS や Google Cloud は、Amazon や Google といった企業で活躍する世界トップクラスのエンジニアが構築したサービスで、常に新たなセキュリティ上の課題に対策を施し続けています。社内で運用するよりも安全性が高いのは、明らかではないでしょうか。

しかもクラウドだと、サーバーの台数が圧倒的に違うので、コストも安いです。例えば、自社でハードを購入するときは数年先に使用する容量を想定しなければなりません。しかし、AWS なら容量が足りなくなったらすぐに拡張できます。会社の成長のスピードに合わせて臨機応変に切り替えることができるので、利便性はとても高いです。

●まとめ
①最初にプロジェクト全体を考え切る
②何をテクノロジー化するかの基準は経営方針による
③クラウドなどの外部サービスの力をフル活用する

◇ DX推進の今後の展開

> フェーズ2は、フェーズ0と1に比べると長期にわたって、ダイナミックな変革をされています。具体的にどのような取り組みをされたのですか。

　ポイントは、BPO ＊センターへの移行です。バックオフィスのオペレーション機能を、いったん、持株会社から分社化させたシェアードサービス会社へ集約しました。その後、業務委託先の BPO センターへ移管しています。

　ちなみに、シェアードサービス会社の名前は株式会社トリドールビジネスソリューションズです。2021 年 9 月 30 日に役目を終えて解散するまで私が代表取締役社長を務めていたので、業務の流れをスムーズに変えることができました。

　現在、BPO センターには経理の記帳や給与計算、コールセンターなど、本社のオペレーション機能を全て集約させています。狙いは、会社の成長に迅速に対応するためです。BPO センターには、それぞれの業務に特化した人材が集まっています。「会社を買収したから、来月から従業員が倍になるよ」という要望にも対応可能です。社内で対応したら間に合いません。事務が足かせになって成長スピードが遅くなってしまう可能性も高いでしょう。そうならないために BPO センターへ集約し、バックオフィスが成長のスピードから遅れることがないようにしています。

＊BPO　Business Process Outsourcing の略。

> DX を推進する上で、どこで SaaS を活用して、どこを独自に対応するかの見極めも必要です。御社ではどのようにされているのですか。

　どのような SaaS を活用して、どういった業務を BPO センターに委託するかは、グローバルかドメスティックか、そして汎用か独自かの4象限で算出できます（図表 4-8 参照）。

　グローバルで汎用性が高いサービスは、グローバルプレイヤーが提供しています。当社では「財務会計システム」や「コミュニケーション基盤」「ゼロトラストセキュリティ基盤」が該当するのですが、ここは受け入れるしかありません。世界で活用されていて、そのレベルの高さも証明されているので、当社がサービスに合わせる業務です。ドメスティックで汎用性が高いサービスも同じかもしれません。「人事労務管理システム」や「勤怠管理システム」などの国内のプレイヤーが当てはまるのですが、全業種が使っているサービスがあるので、それらに業務のやり方を合わせています。

DXビジョン2022を構成する主なSaasとBPOサービス（図表4-8）

・当社がSaaSに合わせる業務、当社のノウハウを提供する業務を切り分ける

グローバル

グローバル飲食向けSaaS
デジタルフードセーフティ
店舗情報クラウド
SFL管理システム

グローバル全業種向けSaaS
財務会計システム
コミュニケーション基盤
ゼロトラストセキュリティ基盤
SaaS連携基盤、データ分析基盤

独自　　　　　汎用

国内飲食向けSaaS
発注EDI
メニュー／レシピ管理
クラウドPOS

国内全業種向けSaaS
電子契約、ワークフロー
人事労務管理、勤怠管理、工数管理
人材データベース、組織管理、目標管理
国内全業種向けBPO
経費精算、請求書電子化

当社向けBPO
経理業務、給与計算
セキュリティ監視
コールセンター

ドメスティック

一方で、「経理業務」や「給与計算業務」などは話が別です。独自性が強いので、BPOセンターに依頼しています。また、「受発注システム（EDI）」や「クラウドPOS」などは当社ならではの業務ノウハウがあるので、細かな要望をくみ取ってくれるSaaSベンダーと組んで新しい機能を追加してもらっています。グローバル飲食向けSaaSも同様です。海外のプレイヤーとやりとりを重ねて、当社の要望をくんだサービスを開発してもらっています。

> **ここまでお話を伺っていると、大がかりなプロジェクトで、多くの予算がかかっているように感じます。どうやって確保されたのでしょうか。**

DX推進のために新たに予算を確保してはいません。行ったのは予算の置き換えです。まず、財務諸表を分析して通信費やシステム利用料、業務委託費の実態を調べて、IT投資の総額と残存簿価を明確にしました。そこから古いサービスを解約して新しいサービスを導入しているので、PL（損益計算書）は一定です。また、はじめからサブスクリプションサービスを導入する予定だったので、BS（貸借対照表）の固定資産やリース資産も増加しません。

取締役会には、PLの負担は軽減し、BSにも影響を及ぼさないDX戦略を提案したので、どなたの反対もありませんでした。

とはいえ、ここまで考えて初めてDXと呼べるのではないでしょうか。IT部門の計画がDXだと考えている方がたくさんいますが、DXは経営計画です。財務諸表を読めない方がDXを行ってはいけません。ましてや経営が分からないと推進することさえできないでしょう。だからこそ、ITも経営もファイナンスも分かっているCIOの存在が重要になってきます。

最後に今後の展開を教えてください。

　DX ビジョンのゴールを 2022 年に定めているのは、まずは今やらなければいけないことをしようと思ったからです。その先のやるべきことはすでに描いています。例えば、外部のパートナーと協力しながら AI の活用などを考えています。次のフェーズでは、トリドールが何か新しいシステムを生み出すことになるかもしれません。

　引き続き、力強く DX を推進していって、1 日も早くグローバルフードカンパニーという目標を実現していきたいですね。

●まとめ

①成長スピードを上げるため、BPO センターを活用

②予算を置き換えて、新たにコストをかけない

③ DX は IT 部門の計画ではなく、経営計画

---

02 先を行く企業から学ぶDX化② 株式会社CRISP

カスタムサラダ専門店「CRISP SALAD WORKS」を展開する株式会社 CRISP の DX の取り組みを紹介しましょう。

◈ CRISPの歴史

　「レストラン体験を再定義することで、あらゆる場所でリアルなつながりをつくる」こと。そうしたビジョンの下、カスタムサラダ専門店「CRISP SALAD WORKS」を展開する株式会社 CRISP（クリスプ）。2014 年の誕生以来、「熱狂的ファンをつくる」というミッションのとおり、多くのファンをつくり続けています。しかし、同社はただの外食企業ではありません。自社でモバイルオーダーやオンライン決済、店舗運営システムを開発すると共に、そうしたシステムを一括で提供する「PLATFORM」というサービスを販売し、SaaS 事業も手がけています。外食企業であり、テック企業でもある同社だからこそ、DX の取り組みも一歩先を行っています。

CRISPの歴史(図表4-9)

年月	出来事
2014 年	「熱狂的なファンをつくる」ことをビジョンに掲げて、株式会社クリスプ創業
2017 年	「飲食店の顧客体験を進化させる」ことを目的としたテクノロジーの会社、株式会社カチリ創業
2020 年 1月20日	株式会社クリスプホールディングス設立
2020 年 10月1日	株式会社 CRISP 設立。「レストラン体験を再定義することで、あらゆる場所でリアルなつながりをつくる」ことをビジョンに掲げて事業展開を行う

◆ DX化の前提となる外食産業の課題

同社代表取締役社長の宮野浩史氏に、CRISP の DX 推進の背景や現在の取り組み、そして今後の展開などについて話を聞きました。

> CRISP では、自社でモバイルオーダーやキャッシュレス KIOSK を開発されるなど、DX の推進を積極的に進めています。どのようなきっかけで、そうした組織づくりをすることになったのか教えてください。

もともと DX を目標に掲げて、いろいろな取り組みを行っていたわけではありません。全ては、外食企業として飲食店を展開するからには、お客様によい体験を提供したいという思いからスタートしました。もっとシンプルにいうと、お客様に喜んでもらうにはどうすればいいかを考えてのことです。その実現のためには何が必要かを考えていったら、お客様のことをもっと知らなければならないという答えにたどり着きました。

もしかしたら、"お客様のことを知る" のは当たり前で、もうすでにやっていると思う飲食店も多いかもしれません。しかし、お客様ノートを付けたり、顔や名前を覚えたりと、アナログな方法が多いのではないでしょうか。それだと他のスタッフとの共有が難しく、ナレッジやノウハウが属人化されてしまいます。

一方で、ファストフードやファストカジュアルを中心としたセルフサービスの業態は、就業時間中、スタッフの作業がとめどなくあります。例えば、ラーメン店のスタッフが「あの常連さん、今日はメンマを残したな」と思っても、書きとめる時間がありません。単価の高いレストランのように、お客様が帰った後でその人のことを記録に残すことは、なかなか難しいのです。その結果、お客様の情報は、それぞれのスタッフの頭の中だけにあります。そのため、たまたまそのお客様が再来店して、たまたまそのスタッフが接客をしていないと、「この前、メンマを残していましたよね。今日は代わりにノリを入れておきましょうか」といったサービスができません。

日本の外食業界では世界的に見ても優秀な方がたくさん働いているので、そうしたサービスをすでに実現されている店も多いでしょう。また、そういったサービスの実現を目指して取り組んでいる飲食店も多いと思います。だけど、アナログな管理だと、該当スタッフがいないと理想のサービスができません。それに、そういったサービスを実現するには細かなことまでずっと覚えておかないといけないなど、高い障壁が存在しているのが現状です。

▼キャッシュレスセルフレジ「CRISP KIOSK」

非接触を実現する
KIOSK のセルフレジ。

そこで DX が必要となってくるのですね。

　はい、DX は何かといったら、お客様とのコミュニケーションや、お客様のことをもっと知りたいとなったときに、摩擦が少なくなることだと思っています。デジタルツールに頼らなくても、やろうと思えばアナログでも同じことはできるでしょう。お客様の情報をノートに残したり、お客様の写真を撮影したりといろいろな方法がありますが、いずれも労力がかかってしまいます。
　そもそもセルフサービスの業態では、接客にあまり時間が使えません。しかし、デジタルツールをはじめとしたテクノロジーを活用すれば、接客にかかる手間の多くを省くことができます。例えば、モバイルオーダーアプリやセルフレジで注文をする際、自分に合ったレコメンドをしてくれる

成功するプロジェクトの進め方

❷ 先を行く企業から学ぶDX化② 株式会社CRISP

4

のも立派な接客ではないでしょうか。また、自分のお気に入りのカスタマイズがお店をいつ訪れてもスムーズにオーダーできたり、同じチェーンの別の支店でも食べられたりしたら、お客様はうれしいでしょう。こうした環境を実現するのが DX だと僕は思っています。

顧客体験価値をスムーズに実現する方法が DX である、と。

ええ、顧客体験価値の向上が DX であり、飲食店のビジネスそのものだと思っています。現在、飲食店のレベルは上がっていて、おいしい料理が食べられることはもはや当たり前で、あまり差別化になりません。

こうした状況は時計と似ています。時計の針が1年で 1000 分の1ずれるのか、5000 分の1ずれるのか、使っている方はほとんど気にしません。時計の技術は進化したにもかかわらず、技術力での差別化が難しくなっているのです。もちろんその技術には価値があります。すごく好きな人はその差を気にするでしょう。しかし、とてもクリエティブな領域に突入し過ぎていて、ある意味、マニア化しているのも事実です。

飲食店でも状況は変わりません。味での差別化が難しいとなると、他の武器が必要です。そこで「体験」というキーワードが出てきます。

体験を提供するための接客、それを実現するための DX、という関係性が成り立つのでしょうか。

そこのところをもっと深く理解するために整理しなければならないのが、接客と作業の違いです。今、飲食店の現場では接客と作業の線引きが曖昧になっています。当社が展開する「CRISP SALAD WORKS」の場合、サラダをつくったりお会計をしたりすることは、作業です。それなら接客はお客様との会話かというと、そうではありません。ライフタイムバリューを向上させるようなサービスこそが接客なのです。

もっと具体的にいうと、例えば、お客様に「この商品にはどんな野菜が入っているのですか」と聞かれて「トマトです」と答えるのは接客ではありません。それは決まった説明を伝えるだけの「作業」です。だけど、「う

189

ちのトマトは生産者さんがこだわってつくっているので甘いんです」と、お客様が望んだタイミングで欲しい情報を伝えることで、お客様が買ってくれたりもっと欲しくなったりしたら、ライフタイムバリューを上げる「接客」に変わります。顧客体験価値を上げて、再来店を促せるかどうか。それが作業と接客の違いではないでしょうか。

> **確かに接客と作業の線引きは曖昧です。しっかりと整理をして考える必要がありそうです。**

　早急に整理をするべきです。接客と作業の線引きが曖昧な結果、もっと深刻な問題が起きています。それは、いい接客をしているスタッフとそうでないスタッフの時給があまり変わらない、ということです。

　例えば、「今日も来てくれたんですね、いつものやつでいいですか」という一言をくれるＡさんのような接客をされたら、「またこの店に来よう」と思う人は多いでしょう。一方で、ぬるいビールをムスっと出すＢさんのような接客をされたら「二度と来ない」と思うのが普通です。しかし、両者の時給はあまり変わりません。なぜなら、作業で賃金が決まっているからです。接客がよくても、せいぜい数十円から数百円の時給の違いしかないのではないでしょうか。

　しかし、Ａさんの接客を受けたお客様が店に来なくなるまでの回数と、Ｂさんの接客を受けたお客様が店に来なくなるまでの回数は全く違います。つまり、ライフタイムバリューが全く異なるのです。Ａさんの接客で常連になった方が20回は通うとします。客単価が2000円の店だとすると、ライフタイムバリューは4万円です。一方、Ｂさんのお客様は1回で終わりなので、どんなに多く見積もっても2000円です。すると、同じ数分間の接客なのに、Ａさんの方が20倍も多く未来の売上をつくっていることになるのです。データにできていないだけで、このような差は飲食店の現場ではたくさんあるでしょう。それを当社ではデータ化していこうと考えています。

　今、飲食店でビールを出す仕事は誰でもいいと思われています。しかし実際は、そんなことはないはずです。しっかりとデータ化をして、Ｂさん

のようなスタッフには辞めてもらって、Aさんのようなスタッフを集めないといけません。しかし、データとしてつかめないがために、ビールの泡をちゃんと出せるかとか、1時間に何杯出せるかといった「作業」が評価基準になってしまっているのです。こうしたナンセンスな評価を変えるための手段こそがDXだ、という側面もあります。

●まとめ
①お客様によい体験を提供したいという思いからDX推進がスタート
②味での差別化が難しくなっている中、DXでの体験による差別化は急務
③接客と作業を分け、DXでライフタイムバリューの向上に注力

◇ CRISP流DXの推進方法

先ほど、DXが評価の在り方を変えるというお話がありました。それを踏まえて、CRISPでは具体的にどのような取り組みをされているのでしょうか。

当社では「CRISP METRICS」というKPIを公開しています（図表4-10参照）。CRISP METRICSは、会社全体はもちろん、各店舗の売上や客数、ライフタイムバリュー、アプリユーザーの離脱率、顧客満足度などの数字をまとめたレポートです。

一番重要視している数字はライフタイムバリューです。僕らは、来店が1回目から4回目までのお客様はトライアルと位置付けています。まだCRISPのファンかどうか分からない段階です。一方で、5回目以降のお客様は、当店のファンに他なりません。だからこそ、この層のお客様が来なくなることを問題だと捉えています。

例えば、当社では1回来店された方が3回目も来てくれる割合はおよそ40%です。しかし、5回になると25%に下がってしまいます。つまり、ファ

ンになっていただくには、３回目の来店と５回目の来店が重要なのです。そこで、３回目の来店率を「スマイル指数」、５回目の来店率を「ライク指数」などと名付けて、それぞれの数字をリアルタイムで測っています。

CRISP METRICS（図表4-10）

こうした数字が見えるようになった結果、２回目の来店のお客様が来たら「次回来店していただいたら、このドレッシングもサービスします」と声をかけるなど、スマイル指数やライク指数を上げて、より「CRISP SALAD WORKS」のファンになってもらえるような接客ができるようになりました。

これまではいい接客をしても、それが売上につながっているかどうか分かりませんでした。しかも、今日の売上は結果であって、もうコントロールすることはできません。ならば、その数字がどうやって組み立てられているのかを分解して、売上が伸びるポイントに直接アプローチできるようにしようとしたのが「CRISP METRICS」です。

> まさに DX ですね。「CRISP METRICS」を公開されていることはもちろん、取り組み全体がとても先鋭的だと感じます。

　将来的には、スタッフ別に数字が分かるようにしたいと考えています。お客様とコミュニケーションを取ると再来店率が上がる、というのは現段階では仮説に過ぎません。そこを DX で明確にしていきたいと考えています。それが実現すると、スタッフが頑張る方向性もはっきりとするでしょう。そもそも店舗のスタッフはお客様の再来店率を上げるためにいて、元気よく挨拶するとか、お客様とコミュニケーションを取るためにいるわけではありませんから。

　ただ、DX は接客が苦手な人が上手になるためのものではないと思っています。誰でも接客が上手になる手段が DX ではないのです。むしろ真逆でしょう。あまりいい接客をしていなかったスタッフが明確になる一方、成果を出しているのに正当な評価を受けていなかったスタッフが正しい報酬をもらえるようになるのが DX なのです。

　プロ野球の選手で、頑張って練習しているから年俸が上がるなんてことはありません。しかし、今の外食業界で行われている評価は、まさにそういう評価です。DX で評価の基準が明確になると、そうした評価もなくなっていくでしょう。

> 御社は 2017 年に株式会社カチリを立ち上げて、自社でモバイルオーダーやオンライン決済、店舗運営システムをつくっています。そうしたバックグラウンドがあるからこそ、できる取り組みでもありますね。当時、なぜ外食企業であるにもかかわらず、システム会社を立ち上げたのですか。

　これまでお話ししたようなサービスを提供している事業者がいなかったからです。僕らは料理や接客と同じように、テクノロジーも自分たちがコントロールできる領域だと捉えていました。

　多くの外食経営者が、自分の思い描いた店をつくるため、自由な発想を大切にしています。その中で、椅子やテーブルが既製品しか買えないとな

ると、大きな制約になってしまうでしょう。

　しかし、テクノロジーは既製品しか使っていません。でも、テクノロジーだって、いわば飲食店の本業の一部です。ならば、顧客体験価値を上げるため、そこも自分たちでつくっていこうと考えて、カチリを立ち上げました。

　これから業界全体でDXが進む中で、外食企業にCIOがいたり、テック部門があったりする世界が当たり前になっていくのではないでしょうか。

2020年10月には株式会社CRISPが発足し、これまで株式会社クリスプホールディングスと、株式会社クリスプ、株式会社カチリに分かれていた組織が統合されました。現在、どのような組織体制になっているのか教えてください。

　組織としては「CRISP SALAD WORKS」と「CRISP PLATFORM」に分かれています（図表4-11参照）。

CRISP SALAD WORKSとCRISP PLATFORM（図表4-11）

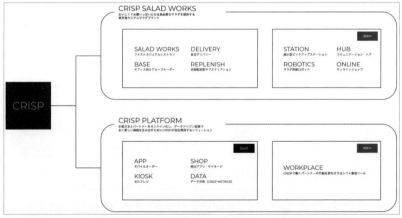

　CRISP SALAD WORKSでは実店舗の展開を中心に、オフィスデリバリー事業「CRISP BASE」や自社デリバリー「CRISP DELIVERY」といった事業を展開中です。

02 先を行く企業から学ぶDX化② 株式会社CRISP

　一方の CRISP PLATFORM はかつてカチリが行っていた事業を手がけていて、データドリブン経営を実現し、店舗のスタッフがもっと価値をつくり出せるようなソリューションを生み出すことをミッションにしています。主な事業は、SaaS システム「PLATFORM」や、モバイルオーダーアプリ「CRISP APP」、キャッシュレスセルフレジ「CRISP KIOSK」といったサービスの開発・提供などです。

　「CRISP SALAD WORKS」も、あくまで CRISP PLATFORM の１つのクライアントといった位置付けで考えています。「CRISP SALAD WORKS」が CRISP PLATFORM の一番いいモデルになれるように取り組んでいます。

> **なぜ CRISP では、ここまでデータドリブン経営が実現できているのでしょうか。**

　モバイルオーダーや KIOSK などで、お客様のオンライン化を進めているからです。現在、当社ではデジタルからのオーダーが全体の 93％を占めています。そのうち 35％がモバイルオーダーです（図表 4-12 参照）。そのため、モバイルオーダーのお客様に関しては、どのページにどれくらいの時間滞在し、実際に注文までされたのかどうか、といった行動を細かく把握することができています。

　しかし、働いているスタッフについては、まだまだです。Ａさんというスタッフが今日何人の接客をして、３カ月以内にお客様はどのくらい戻ってきたのか、といったデータは分かっていません。そこで、業務行動もしっかりと把握して、スタッフを適正に評価するためのツール「WORKPLACE」の開発に注力しています。

　飲食店の現場をサイエンスしている企業は少なくありません。キッチン内で各作業の歩数を決めて、効率を上げるといった取り組みをされているケースも多いでしょう。しかし、僕らが目指しているのは、そういう世界観ではありません。そもそも効率を目指すのなら、作業は機械に任せた方がいいでしょう。

僕らは、どの接客がお客様のライフタイムバリューの向上につながっているのかを突き止めたいと考えています。今、この瞬間にも、数分で未来の売上が20倍になるような接客は起きていますが、トラッキングされていないから分かっていません。それを可視化して、成果を出しているスタッフには正しい報酬を支払う体制を築いていきたいと思っています。

19+80	700,000	15,000	98%	37%
店舗数	**年間利用客数**	**アプリ MAU**	**キャッシュレス比率**	**モバイルオーダー比率**
2014年の創業から東京都心を中心にカスタムサラダ専門店「CRISP SALAD WORKS」19店舗に加え、オフィス向けバーチャル店舗CRISP BASEを80店舗展開	店内飲食、テイクアウト、デリバリーを軸に年間利用客数は約70万人	公式モバイルオーダーアプリ「CRISP APP」の登録者数は約7万人・MAU1.5万人	一部施設を除く全店にキャッシュレスKIOSKを導入することで、全社のキャッシュレス比率は98%	公式モバイルオーダーアプリ「CRISP APP」でのピックアップ事前注文およびデリバリーの利用割合の合計は全体の37%

資料提供：株式会社 CRISP

もし実現されたら、飲食店の接客の概念が変わりそうですね。

　はい、これまで外食業界では、接客に正解はないと言われていました。そのため、お客様が喜んでいるかどうかは関係なく、自分たちが正しいと思う接客をやっていたのではないでしょうか。スタッフの行動が可視化されたら、ターゲットにしているお客様に、本当に響く接客ができているかどうかが分かります。そうなると、飲食店の接客の在り方そのものが変わるのではないでしょうか。

●まとめ

①会社のあらゆるデータが記された CRISP METRICS を公開

②外食企業の中にテック部門があることが当たり前になる

③スタッフの仕事を可視化し、評価に生かす取り組みを推進

◇ 今後の展開

DX を進めた先で、CRISP はどのようなビジョンの実現を描いているのでしょうか。

少し文学的な表現になりますが、外食業界に明かりを灯していきたいと思っています。現在、多くの外食企業が売上や客単価など限られたデータから経営判断をせざるを得ず、真っ暗な中で経営をしています。テック系の企業ではあり得ないことです。そうした状況だからこそ、優秀な人が他業界から来てくれないし、来たとしても定着しません。

しかし、もしデータドリブンな経営をしているのなら、他の業界からも優秀な人材が来てくれるでしょう。そもそも外食は、ダイレクトにお客様の反応を感じながら仕事ができるので、とても刺激的なフィールドです。しかも、どんなに世界が変わっても、人は1日3食食べるので市場は絶対になくなりません。しかし、逆にいうと、本能的なニーズが強くあるからこそ、進化しなくてもやっていけてしまう側面もあります。逆に、需要を生み出さないと成り立たない業界は、それを掘り起こすために進化を続けていますから。

ただその分、外食業界には進化の余地がたくさん残されています。特に日本の外食企業は、限られたリソースの中で低価格を実現し、いい接客を提供してきました。真っ暗な中でもそれができたのですから、明かりが灯されたらもっと大きな成果が出るでしょう。業界としてのチャンスとポテンシャルはとてつもなく大きいと感じています。

　ええ、しかし、勘違いしてはいけないのは、もともとの魅力がないと DX も効果がないということです。「キャッシュレスのラーメン屋があるから行こう」とはなりませんから。逆に「現金しか使えないけどうまいラーメン屋」にはお客様が集まります。DX がいくら進んでも、飲食店の本質的な価値は変わらないのです。僕らはいい店の条件を「商品力」と「業態力」「接客力」の 3 つで定義付けています。それが備わっている店が DX を進めたら、想像を超えるような進化を起こすことも不可能ではありません。

これから CRISP がどのように DX を推進していくのか楽しみです。

　僕らが目指しているのは「コネクテッド・レストラン」です（図表 4-13 参照）。コネクテッド・レストランとは、DX を通じて非連続な成長と高い収益率を実現する、全く新しい外食企業を指します。当社がいち早くそうした企業になることで、ひとつのモデルケースになれたらうれしいです。

　多くの外食企業が DX によって、消費者に新しい価値を伝えられたら、業界の見られ方が変わるでしょう。外食は体験を売っています。顧客体験価値を向上させられるのなら、1 万円のサラダがあってもいいでしょう。外食産業のビジネスそのものが変わり、今まで以上に夢のある業界になると思っています。

コネクテッド・レストラン(図表4-13)

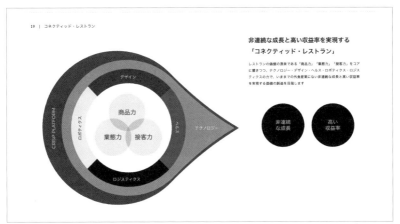

資料提供：株式会社 CRISP（2021 年 11 月時点のデータです。）

●まとめ

①外食の DX が進めば、他業界から多くの人材が流入してくる

②そもそも魅力があるお店が DX をしたら、可能性がさらに広がる

③DXで非連続な成長と高い収益率を実現する「コネクテッド・レストラン」を目指す

DX化を進めるロードマップ

DX化を進めるにあたっては、あらかじめロードマップを描くことが非常に重要です。
どんな手順で描いていけばよいのか、解説していきます。

◇ トリドールホールディングスから学ぶDX推進

　ここまで、株式会社トリドールホールディングスと株式会社 CRISP の
DX 推進の取り組みを紹介しました。それを踏まえて、どのようにすれば
DX を力強く推進していける組織になるのかを整理すると、次の 4 項目に
まとめられます。

①トップの明確なビジョン
②戦略フローの見直し
③専任の人材のアサイン
④活用するテクノロジーの決定

　以下、順に見ていきます。

①トップの明確なビジョン

　DX の推進をスタートするには、何といってもまずはトップの明確なビ
ジョンが必要です。どのような組織にしていきたいのか、というメッセー
ジがあって初めて、DX の方針も決まります。どの業務をどのようにテク
ノロジー化するのかの線引きも、ビジョンがあるからこそ可能です。それ
くらい、トップが放つビジョンには強いメッセージが含まれています。

　株式会社トリドールホールディングスの場合は、代表取締役社長兼
CEO の粟田貴也氏が「世界外食トップブランドを目指す」という力強い
ビジョンを掲げたので、世界基準であることはもちろん、急成長に耐えら
れるだけのシステムを構築するため DX が始まりました。

　一方の株式会社 CRISP の場合は、創業当時から「熱狂的なファンをつ
くる」というミッションを掲げています。その実現のためにはどうすれば
いいかを考えた結果、顧客のことを理解した上で顧客体験価値の向上を目
指そう、となって DX の推進がスタートしました。

　つまり、どちらの企業もビジョンありきでDXの推進が始まり、それが目的ではなく、あくまでも手段になっているのです。

　ビジョンは、ミッション、ビジョン、バリューの3点セットで語られることが多いです（図表4-14参照）。それぞれ諸説ありますが、ミッションは「存在意義」、ビジョンは「目指す姿」、そしてバリューは「価値観や行動指針」です。バリューは分かりやすいですが、ミッションとビジョンは言葉も似ているため、混同してしまう方が少なくありません。そこで、これらの違いをイメージしやすいように、次ページに有名企業のビジョンをいくつか挙げてみます（図表4-15参照）。

　ビジョンには具体的な文言が並んでいるので、それぞれの企業の目指す姿がイメージしやすいでしょう。ミッションは存在意義なので、「企業成長を通じて社会に貢献」や「人々の生活の質の向上に寄与」など、どこか抽象的な文言が並ぶことが多いです。しかし、ビジョンは目指す姿なので、より具体性が増します。そのため、「今、行おうとしていることはビジョンの実現に役立つだろうか」という判断基準にもなるので、DX推進の支柱とすることも可能です。

ビジョンの描き方（図表4-14）

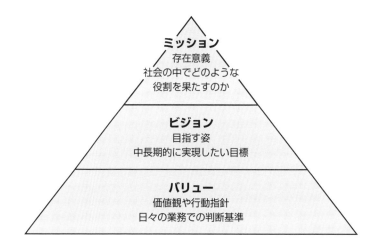

●**株式会社ローソン**
・目指すは、マチのほっとステーション。

●**株式会社サイバーエージェント**
・21世紀を代表する会社を創る。

●**コカ・コーラ ボトラーズジャパン株式会社**
・すべてのお客様から選ばれるパートナーであり続けます。
・持続可能な成長により、市場で勝ちます。
・常に学びながら成長します。
・コカ・コーラに誇りを持ち、誰もが働きたいと思う職場をつくります。

　こう説明すると、「うちは理念経営を徹底しているからビジョンは必要ない」と考える経営者もいるかもしれません。ここ数年、外食業界でも理念経営を行う企業が増えています。しかし理念経営は、企業が大切にしている考えをスタッフに浸透させて、その価値観に合った判断を行ってもらう、という経営スタイルを指します。つまり、バリューの浸透に近いのです。ビジョンはそれよりも1つ上のレイヤーである点に注意しなければなりません。

　なお、ビジョンで大切なのは「共感」と「納得感」です。それがなければ、スタッフを巻き込む力を発揮できず、DXの推進も中途半端で終わってしまう。それぞれの理由は次のとおりです。

●共感

　心からその通りだと感じるビジョンでないと、スタッフのコミットメントは弱くなり、結果的にDXの推進もおぼつかなくなるでしょう。近年、SDGsをはじめとした社会貢献に関心のある人が増えています。その中で、決して間違いではないですが、「100億円の売上達成」という企業本位のビジョンだけだと、共感を集めることは難しいでしょう。

　コロナ禍で経営環境が変わり、ビジョンを新たに作成し直した企業も多いです。その際、社員へのインタビューを行った例もあります。そのようにして関係者の声に耳を傾けることも、ビジョンづくりには有効です。

●納得感

　頭で納得ができるかどうかも、ビジョンの作成では大切です。どんなにいいビジョンを掲げても、社員が違和感を覚えるようだと浸透はしていきません。例えば、普段は売上や客数のことしか言わないのに、ビジョンでは「地域に愛される店をつくる」とあっても納得感が薄れてしまいます。経営者としての一貫性も、ビジョンの作成には欠かせません。

②戦略フローの見直し

　ビジョンを掲げた後は、戦略フローの見直しが必要です。DXの実現には、部分最適ではなく、全体最適の思考が欠かせません。そのため、現場任せだったり、対症療法的な判断だったりすると、デジタイゼーションとデジタライゼーションは実現できても、DXを成し遂げることは難しいでしょう。そこで戦略フローを見直し、戦略ドメインの作成時にはDXをどのように推進するのか判断できるようにするべきです。

　戦略ドメインでは、SWOT分析などのフレームワークを使って、自社が勝ち抜く市場を見極めていきます。そこでテクノロジーの活用の有無はもちろん、どのようなツールを活用するかを判断することで、弱みをテクノロジーで補填したり、強みをさらに強化したりできるアイデアが浮かぶこともあるでしょう（図表4-16参照）。

内部環境		
	強み	弱み
機会	**強み × 機会** 自社の強みを 「チャンス」をなる 成長機会に活かす。	**弱み × 機会** 弱みの補強や改善で 機会をつかめるよう 対策する。
脅威	**強み × 脅威** 強みを活かして 脅威を回避し 切り抜ける。	**弱み × 脅威** 弱みを理解し 脅威による影響を 最小限にする。

（外部環境）

③専任の人材のアサイン

　人事が広報を兼ねたり、経理が企画も兼ねたりするのは、外食業界では
よくあることです。しかし、DX の推進では、できる限り専任の人材をア
サインすることをおすすめします。**CTO** ＊などの役職がベストですが、専
門性の高い人材が必要になるため、採用が難しいです。まずは社内でテク
ノロジーに詳しく、経営やファイナンスの知識を持っている人材を登用し
てもいいでしょう。そうした人材が社内にいない場合は、POS レジや会計
システムを提供している業者に相談してみるのもいいです。

　人手不足の解消のため DX を推進するのに、余計に人材が必要になった
ら本末転倒ではないかと思う方もいるかもしれません。ですが、DX は人事、
広報、経理、企画といったバックオフィスはもちろん、店舗の現場も、果
ては経営そのものまで変革させていきます。そうしたダイナミックな仕事
が片手間でできるわけがありません。しかもテクノロジーの分野は進化が
激しく、自社の競争環境も目まぐるしく変わります。中途半端に進めた結
果、思ったような結果が出ずに時代に遅れてしまう方が本末転倒ではない
でしょうか。

＊**CTO**　Chief Technology Officer の略。

④活用するテクノロジーの決定

　最後のステップで、どの分野にどういったテクノロジーを活用し、DX を進めていくか決めていきます。どの業務にテクノロジーを活用するかは、「①トップの明確なビジョン」が判断基準になります。例えば「人の温かみのある飲食店の実現」をビジョンに掲げたなら、オーダーや配膳といった業務は人がやる方がいいです。その代わり、そうした業務に人が集中できるように他をテクノロジー化すべきでしょう。こうした判断を、カスタマージャーニーや、3 章 1 節の図表 3-1 に掲載した「飲食店の業務」を参考にしながら、1 つずつ行っていきます。

　このとき注意しなければならないのが、現場からの反発です。現場が「オーダーは人がやるべきだ」と主張したとしても、会社としてモバイルオーダーを導入して DX を進めていくと判断したのなら、躊躇してはいけません。そもそも DX は全体最適です。より高いレイヤーで判断したからこそ、導入を決められたはずです。現場の意見は参考にしながらも、意思決定は委ねない。だからこそ、③の「専任の人材のアサイン」が重要なのです。

戦略の全体像（図表4-17）

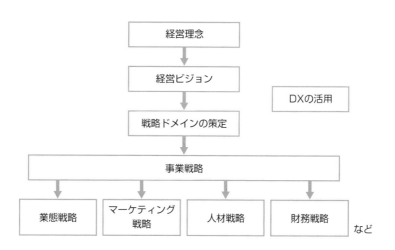

memo

5 DXの先の
成長・戦略デザイン

DXの先の成長・戦略デザインについて紹介していきます。株式会社
ワンダーテーブルの事例を見ながら、詳しく解説していきましょう。

アフターコロナで示す飲食店の在り方と可能性(株式会社ワンダーテーブル)

世界各国の人気店を持ってきて、日本の外食業界の発展をリードするワンダーテーブル。社長の秋元巳智雄氏に次世代の外食の可能性について話を聞きました。

◆ ワンダーテーブルのDX推進の歴史

　　株式会社ワンダーテーブルといえば、「バルバッコア」や「ロウリーズ・ザ・プライムリブ」「オービカ モッツァレラバー」など、世界各国の人気店を持ってきて、日本の外食業界の発展をリードしている企業として知られています。一方で「MO-MO-PARADISE」や「鍋ぞう」「YONA YONA BEER WORKS」といった自社で開発を手がけた人気ブランドも多いです。現在は日本国内だけでなく海外にも進出し、そのファンは世界中に広がっています。日本の外食の可能性を広げてきたといっても過言ではないワンダーテーブル。その歴史は DX の歴史でもあります。代表取締役社長の秋元巳智雄氏に、同社の DX の取り組みと、そこから見える次世代の外食の可能性などについて話を聞きました。

(株) ワンダーテーブル社長 秋元巳智雄氏は、25年以上前から IT を活用してきました。

撮影／小野瑞希

> ワンダーテーブルは DX という**言葉**が広がるはるか前から、テクノ
> ロジーを活用した**経営**をされています。まずはその歴史を教えてく
> ださい。

　当社には、少なくとも 25 年以上前から、仕事をする上で IT を活用する
という文化がありました。当時、Windows がまだ一般化する前の時代です。
電子メールも全く普及していませんでしたが、林（同社取締役会長　の林
祥隆氏）が社長の時代から、紙や電話を使ったやりとりからコンピューター
を介したやりとりに変わる時代が来ると想定していました。そうした意識
が、IT を使える業務には積極的に使っていくという企業文化の醸成につな
がっているのではないでしょうか。

　飲食店の現場においても意識は同じです。その頃から各店舗にパソコン
が置かれており、いずれは電話を使わなくても仕事ができる世の中になる
だろうと予想していました。実際、どうすればテクノロジーの力で現場が
もっと便利になるかと考えて、自社でシステムの開発も行い始めています。

　例えば、発注システムです。当時、発注は電話から FAX に切り替わっ
ていたものの、毎日、営業終了後に送らなければなりませんでした。しかも、
まとめてやると通信が遅かったり、それでスタッフが終電に乗り遅れてし
まったりといったトラブルも頻発します。そこで取引先とも相談して、購
入システムや発注システムをつくって業務の効率化を図っていました。ま
た、POS システムも当社のオリジナルです。OA の専門商社と組んで、必
要な仕様を伝えて当社の業務に合ったシステムをつくってもらっていまし
た。

　結局、林が社長の時代は IT への投資を毎年数億円単位で行っていたと
思います。それだけ、「自分たちが欲しいシステムは自ら実現させるんだ」
という思いが満ちていました。

ITの黎明期に外食企業がここまでやっていたとは驚きです。秋元社長になってから、そうした体制を見直されたのですね。

　ええ、飲食店の業務のテクノロジー化の基礎は林が作ってくれていたこともあって、僕が社長に就任した後は、自社で投資をしてシステムを作るという従来の体制を見直しました。基本方針は、得意な人が得意分野に集中するということです。この方針は全てに共通しているかもしれません。

　例えば、僕らは「ロウリーズ・ザ・プライムリブ」を日本で展開しています。2001年に東京・赤坂に日本1号店をオープンさせているので、2021年に20周年を迎えました。僕たちがやったら成功すると思ったのは、「ロウリーズ・ザ・プライムリブ」という素敵なブランドと、アメリカのロサンゼルスで出会ったときです。当時、当社では「バルバッコア」などの高い専門性とユニークな体験ができるブランドを展開していたので、東京の優良なお客様を抱えていたのはもちろん、東京の街も熟知していました。つまり、日本でどういうふうにオペレーションを組み立てたら成功するかというノウハウがあったのです。だからこそ、日本での展開はそこを得意とする僕たちが担い、現地の「ロウリーズ・ザ・プライムリブ」の方々にはブランディングを担っていただくことにしました。

▼「バルバッコア クラシコ 丸の内店」内装

高い専門性と
ユニークな体験が
売り！

　一方で、「MO-MO-PARADISE」というブランドでは、逆のことをしています。「MO-MO-PARADISE」は僕たちが作ったブランドですが、海外で展開するときに現地の人をどう雇い、どのように教育していけばいいのか、ノウハウがないので分かりません。ですので、そうした運営面は現地法人に任せ、当社はブランディングに集中しています。

　その姿勢はDXの推進でも変わりません。自社で数億円単位の投資をしてシステム開発をするよりも、得意な人にやってもらう方が効率的です。実際、自社で作っていた発注システムは、現在、株式会社インフォマートの「BtoBプラットフォーム」に切り替えています。培ってきたノウハウをインフォマートに伝えれば僕たちもハッピーだし、業界の発展にもつながるのではないかと考えています。

> **他の業務でも、自社のシステムから他社サービスへの切り替えを進めているのでしょうか。**

　はい、例えば予約システムも自社で作っていましたが、「OpenTable」を活用していました。「OpenTable」を日本で初めて導入したのは当社です。ただ、カジュアルなブランドは「OpenTable」を使えないので、そうしたところは株式会社トレタの「トレタ」を導入していました。いまでは「トレタ」と、株式会社TableCheckの「TableCheck」と併用しています。

　教育も、昔は辞書みたいに分厚いマニュアルを作っていました。それをデジタルツールで閲覧できるようにしましたが、自社だけのリソースだと動画が長くなってしまったり、そもそも動画の編集能力が不十分だったりしたので、今はClipLine株式会社の「ClipLine」を活用しています。

　スタッフがタブレットでミッションやビジョンを確認できるのはもちろん、外国人スタッフは英語の字幕付きで動画を見ることが可能です。しかし、それだけだとただの配信で終わってしまいます。教育という視点で考えるなら、それをeラーニングにまで高めていかなければなりません。

そこで、動画を閲覧した後で確認テストを行い、全社員の何％が研修を受けているかを把握できる仕組みにしました。店舗のオペレーションなどだけではなく、教育からもDXを推進していけるように日々取り組んでいます。

◈ ベンダーと切り開く未来

> 先ほどのお話で、同じ業務にもかかわらず、複数のサービスを併用しているものがありました。その狙いを教えてください。

それぞれ得意分野が違うからです。それを生かして、当社に合ったサービスの開発も行ってもらっています。

顧客管理についていうと、トレタは優れたノウハウを持っている企業です。その強みと当社のノウハウを組み合わせながら、いくつかのプロジェクトを行っています。その1つが、「YONA YONA BEER WORKS」に導入した店内モバイルオーダー「トレタ O/X」です。

もともと、テーブルにタブレットを置いてオーダーしてもらうスタイルと、当社が展開しているブランドの相性があまりよくありませんでした。それならばお客様のスマートフォンでオーダーしてもらおう、とトレタと話し合ったのが、今回のプロジェクトの始まりです。

しかし、ただオーダーできるだけでは面白くありません。そこで、オーダーが楽しくなる仕掛けを施したり、商品の説明を詳細にしたりと、さまざまな新しい試みを行いました。決済は理想的なところまでたどり着けていないのですが、クレジットカード番号を入力すると支払いまでできる仕組みを構築しています。

TableCheck とも、そうした取り組みをされているのですか。

はい、**TableCheck** とも行っています。

当社では特に高級店で TableCheck を活用しており、お客様の 90％が予約での来店です。しかし、そのうちの半数を電話予約が占めています。もちろんインターネット予約にも力を入れているのですが、それでも電話予約ができるのなら電話がいいというお客様が多くいるのです。

そうしたニーズに対応するため、「バルバッコア」や「ロウリーズ・ザ・プライムリブ」などでは電話が 5 回線くらいある店舗もあります。しかし、あまりにも電話の本数が多くて対応できないものもあり、お客様のお叱りを受けることも少なくありません。そのため、電話を取る係のスタッフが何人かいるような状態です。それでもお客様によっては電話対応までに 30 分も待たせてしまい、来店時にクレームを受けることもあります。

スタッフの方にとっても理想的ではない環境ですね。

いっそのこと電話予約をやめてしまうという選択肢もあります。しかし、24 時間の留守番電話でも対応しているのですが、何度も電話してくる人もいるので、電話予約をやめるのは難しいのが現状です。

そうした状況を何とか解決できないかと思って始めたのが、TableCheck と LINE 株式会社、そして当社がタッグを組んだ「**LINE AiCall**」に他なりません。「LINE AiCall」では、「TableCheck」のリアルタイムな空席情報と LINE の技術を連携させて、AI 音声で全ての電話予約の受付が自動的に完了するシステムです（図表 5-1 参照）。

「LINE AiCall」があると、電話の回線が何本もなくても、同時に無制限に予約を受け付けることができます。しかも、自動で予約システムに反映されるので、チャンスロスもありません。店舗で行うのは予約内容の確認くらいです。「LINE AiCall」を活用すると、電話対応を人がしなくてもよくなるので、スタッフの負担もグッと減らすことができるでしょう。当社は 2021 年 10 月に東京・恵比寿にオープンさせた「ピーター・ルーガー・ステーキハウス 東京」で、まずは活用を始めています。

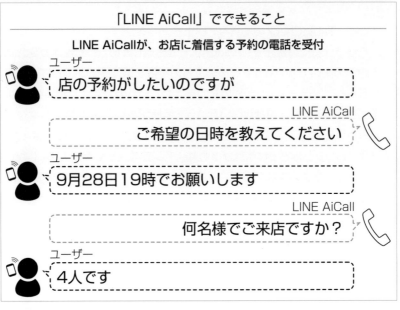

「LINE AiCall」でできること

LINE AiCallが、お店に着信する予約の電話を受付

ユーザー
店の予約がしたいのですが

LINE AiCall
ご希望の日時を教えてください

ユーザー
9月28日19時でお願いします

LINE AiCall
何名様でご来店ですか？

ユーザー
4人です

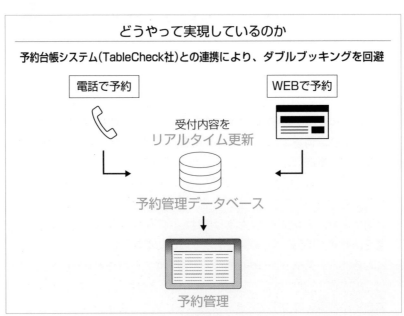

どうやって実現しているのか

予約台帳システム（TableCheck社）との連携により、ダブルブッキングを回避

電話で予約

WEBで予約

受付内容を
リアルタイム更新

予約管理データベース

予約管理

> なぜ「ピーター・ルーガー・ステーキハウス 東京」から、システム
> の導入を始めるのですか。

　アメリカ・ニューヨークの「ピーター・ルーガー・ステーキハウス」は
アメリカでも最もアナログなレストランということで有名です。アメリカ
はキャッシュレスが進んだ社会ですが、その中で「ピーター・ルーガー・
ステーキハウス」はいまだに、現金での支払いしかできません（一部の会
員カードを除く）。僕たちと契約した 3 年前は、予約も全て電話でした。今、
アメリカのレストランで電話予約を主としている店舗はほとんどありませ
ん。ですので、僕らはニューヨークの「ピーター・ルーガー・ステーキハ
ウス」の逆を行こうと思い、「LINE AiCall」を活用したり、完全キャッシュ
レスを進めたりと、デジタルの店にしました。

　しかし、現地のエイジングステーキのクオリティは変えてはいけません。
東京でさらに磨き上げて、より一層よくしていこうと考えています。いい
点は伸ばし、変えるべき点は変えて、「ピーター・ルーガー・ステーキハウ
ス 東京」というブランドをつくり上げていくつもりです。

　ちなみに、2 年ほど前に、ニューヨークの「ピーター・ルーガー・ステー
キハウス」でもネット予約を始めたそうです。すると売上がなんと 20％
も上がったそうです。「やっぱりテクノロジーの力は必要だな」と 130 年
の歴史を持つレストランの関係者も言っていたのがとても印象的でした。

▼「ピーター・ルーガー・ステーキハウス 東京」外観

伝統ある
レストランでも
DX 導入の動きが！

◇ スタッフの納得も引き出すDXの推進法

> **DX を推進する上で社内の反応はいかがでしょうか。スタッフから の反発があるという話もよく聞きます。**

　DX を進めていくことへの反対はありません。ただし、自分たちのブランドにはこのシステムはいいけどこれは合わない、といった細かい部分での反発はあります。

　ちなみに、僕たちは DX の推進は重要視していますが、オーダーから会計まで人が一切介在しないレストランをやろうとは思っていません。そうではなくて、デジタル化できるところはデジタル化して、料理人やサービスマンがよりワンダーテーブルらしいパフォーマンスを発揮できる環境を整えてあげようと考えています。発注や電話対応といった作業から DX を推進しているのもそのためです。

> **細かな部分での反発をより詳しく教えていただけますか。**

　当社はさまざまなブランドを展開しているので、メニューブックをデジタルにしても構わないブランドもあれば、それを許容できないブランドもあります。会社全体としては DX の推進で異論はないのですが、ブランドらしさを大切にしながら進めていくとなると異論が出てくるということです。最終的な落としどころは、本部スタッフとブランド責任者が話し合って決めています。

　例えば、実をいうと「YONA YONA BEER WORKS」よりも前に「MO-MO-PARADISE」でメニューブックのデジタル化を進めていました。当時から、モバイルオーダーで会計まで済ませる案も出ていました。しかし、ブランド責任者が「オーダーをデジタルにすると現場のオペレーションが悪くなる」と言うので、メニューブックのデジタル化だけにとどめたことがあります。今から振り返ると、はじめから「トレタ O/X」のようなサービスを入れてもよかったかもしれません。しかし、ワンダーテーブルらしさを作るためには必要なステップだと思っています。

> **秋元社長のトップダウンで決めることはされないのですね。**

　僕は一切関わっていません。基本的に、DX の推進は重要だと会社方針として伝えるだけで、後はそれぞれの責任者に任せています。僕の考えが全て正しいわけではありません。だからこそ、方向性を示した後は、現場を分かっているスタッフが責任を持ってやる方が大切だと考えています。

　僕の命令でやると、スタッフはやらされ感を覚えてしまうでしょう。そうした仕事はしてほしくありません。その意味で、デジタル化よりも社員の成長とモチベーションが大切です。自分に課せられた大きな課題をクリアするために、自ら考えてそれぞれの現場にふさわしい DX を実現していってほしいと思っています。

　先ほどの「MO-MO-PARADISE」のケースも、失敗なら失敗で別に構いません。失敗からしか学べないことも多くありますし、逆に成功をしたらモチベーションになって次の成長につながるでしょう。そういった風土が大事です。僕の命令で行っていたら、失敗したとしても自分たちの責任ではないと他責思考になってしまい、何の積み重ねも生まれないでしょう。

　そういう意味で、林はデジタルが好き過ぎて、たくさんの指示を出していました。僕が基本的に仕事を任せているのは、そうした時代を経験している影響もあるかもしれません。

◇ お客様視点のDX推進が外食業界を変える

> **外食業界全体の DX を、秋元社長はどのように捉えているのか教えてください。**

　現在、外食業界で進んでいる DX は、どちらかというと会社都合のものが多いのではないでしょうか。しかし、DX には 2 つの方向性があります。1 つ目は、外食業界の問題解決です。外食をはじめとしたサービス業は生産性が低く、人手不足の問題も根強くあります。そうした問題を解決するために DX を進めていこうというのが、1 つ目の方向性です。

もう1つは、お客様のライフスタイルの変化への対応です。コロナ禍になって以降、世の中の変化がよりダイナミックに、かつスピーデーになりました。企業としては、そのスピードに追い付いていかなければなりません。

　例えば、ここ数年、「Netflix」や「Hulu」といった動画配信サービスの人気が高まっています。僕らの世代は新聞やテレビが主流で、そうした媒体を介して情報を得ていました。しかし、今の大学生はテレビや新聞をリアルタイムで見ません。僕らの時代は好きな番組を見るために早く帰って放送開始時間にはテレビの前にいました。今は好きなときに、好きな場所で、好きな人と番組が見られるので、そうしたことをする必要はありません。

　それは飲食店も一緒です。デリバリーやテイクアウトの普及によって、好きな場所で、好きなときに、好きな人と食べられるようになりました。だからこそ、好きな場所の選択肢としてレストランは選ばれなければいけないし、自宅でも食べてもらえるようにアプローチしなければなりません。そうした背景を踏まえて、当社でもテイクアウトやデリバリー、EC販売に力を入れています。

　お客様の選択肢が多様化した結果、いい店を頑張って予約する時代から、自宅でその店の料理を楽しむ時代になっています。こうした変化がさらに進んで、自宅で好きな仲間と一緒に、Tシャツ短パンで好きな料理を食べる世の中が当たり前になるかもしれません。

> **コロナ禍で人々のライフスタイルもダイナミックに変化しているのですね。**

　ええ、外食業界の課題ではなく、お客様側のライフスタイルですが、こうした変化にも追い付いていかなければなりません。その中でも喜んでもらえることを提供しないと、今後、勝ち残っていけなくなるのではないでしょうか。そうした側面からのDXもとても重要です。外食業界の課題解決のためのDXという視点だけだと、クリエイティブなものは生まれづらいでしょう。

　その意味で、外食業界の課題から始まったDXでも、お客様はどう思うかという視点を忘れてはいけません。モバイルオーダーでただオーダーす

るだけではなく、少し面白い仕掛けを施して面白い体験をしてもらえるような工夫が必要です。デリバリーやEC販売でも、これまで以上に、お客様が自宅でどう楽しんでいるのかをイメージした提案をしていく姿勢が重要なのではないでしょうか。

> **DXにおいても今までの飲食店経営で大事だった顧客視点が欠かせない、と。**

はい、お客様視点がDX推進の成功の鍵になるとさえ思っています。例えば、iPhoneの成功が適切な事例かもしれません。そもそも日本のメーカーの携帯電話には、iPhoneよりも高機能なものが数多くありました。しかし、多くの人が日本のメーカーの携帯電話ではなくiPhoneを買い、結果としてスマートフォンが一般化した歴史があります。

その理由を突き詰めていくと、お客様思考というAppleの哲学にたどり着きます。お客様は別にたくさんの機能を求めているわけではなかったのです。しかし、日本のメーカーは企業本位の姿勢で機能をたくさん詰め込むことに注力したので、携帯事業で手痛い失敗をしてしまいました。こういった事例から考えても、お客様思考によるDXが大事だと思います。DXの推進が成功するかどうかの鍵も、お客様側にあるのではないでしょうか。

> **今後、DXによって外食業界はどのように変化していくとお考えか教えてください。**

恐らくコロナ禍が終わっても、2019年以前の外食の市場規模には戻らないでしょう。ですので、以前に比べて80％から90％に縮小した市場の中で僕らは戦っていかなくてはなりません。

感染が終息した後、リバウンド消費で一時的に需要は戻るかもしれません。しかし、その後は、コロナ禍でさらに強くなった家族の絆や、ライフスタイルの変化などもあって、デリバリーやテイクアウトを積極的に選ぶ層が増えると思います。その中で外食の頻度や利用の価値は変化して、今

日は特別な日だから「ロウリーズ・ザ・プライムリブ」に予約して行こう、といった使われ方になるのではないでしょうか。

　そもそも外食の市場規模は1997年の29兆円をピークに近年右肩下りで、東日本大震災があった2011年には23兆円まで落ち込みました。ここ数年、回復基調が続いているとはいえ、もう29兆円まで戻るストーリーはあまり現実的ではありません。しかし、中食と内食を含めた食産業全体の市場規模は70兆円あります。だからこそ、外食市場の中だけで戦うのではなく、食産業全体を捉えて戦っていかなければなりません。

　当社も得意分野をベースにしながら、ワンダーテーブルのブランドをいろいろなシーンで楽しんでもらえることが大事だと思っています。その実現には、やはりDXを力強く推進していくことが一番ではないでしょうか。

▼Yona Yona BEER WORKS
　のモバイルオーダー画面

早くからDXを推進してきた（株）ワンダーテーブル社長秋元巳智雄氏は、最新テクノロジーを常に取り入れています。

撮影／小野瑞希

日本の外食産業の未来は明るい

本書をとおして、たくさんの方々への取材協力を得て、様々な DX の事例を紹介してきました。今後の外食業について総括していきましょう。

◇ 進化し続ける外食産業

外食業界の進化が止まらない。本書を執筆している間にも、DX に関するさまざまなニュースが飛び込んできました。

例えば、株式会社 CRISP が、TechMagic 株式会社とサラダ調理ロボットを共同開発したり、株式会社 FOOD & LIFE COMPANIES が需要予測 AI システムの活用を始めたり、株式会社クリエイティブプレイスが自社アプリにスタッフへの投げ銭機能を搭載したりと、本書で紹介した企業の中でも新しい動きが続々とありました。

今後、こうした動きは衰えることなく、ますます加速していくでしょう。企業や店舗の取り組み方が洗練されてきているのはもちろん、業界を越えたコラボレーションも盛んになっています。そうしたアプローチからイノベーションが誘発され、外食業界はさらにダイナミックな進化を遂げていくでしょう。10 年後、外食産業の在り方やビジネスのやり方、そして社会的なイメージなどが、今とは全く別のものになっていても不思議ではありません。

本書で解説してきたように、DX は「取り組むか、取り組まないか」の問題ではありません。コロナ禍で経済環境が激変しただけでなく、日本社会全体が転換期を迎えているからこそ、すべからく全ての飲食店が何かしらの取り組みをしていくべきです。

これまで外食業界は、テクノロジーの導入さえあまり進んでいない業界だと言われてきました。そのため、最初はうまくいかないことも多くあるでしょう。しかし、本書で紹介したいずれの店舗も、今日までの道のりが決してスムーズだったわけではありません。トライアンドエラーを繰り返しながら知見をためて、一歩一歩、進化を続けてきたのです。

「はじめに」でも触れた日本資本主義の父・渋沢栄一は、次のような言葉を残したとされています。

> どんなに勉強し、勤勉であっても、うまくいかないこともある。これは機がまだ熟していないからであるから、ますます自らを鼓舞して耐えなければならない。

　渋沢は江戸、明治、大正、昭和と４つの時代を生きていますが、その中で「尊王攘夷」「明治維新」「文明開化」「殖産興業」と、いくつもの時代の大転換期を経験しました。渋沢自身も尊王攘夷の志士になった後、一橋^{ひとつばし}家の家臣や明治政府の官僚を経て、実業家として活躍し始めるなど、いくども自身の在り方を変えています。

　黒船の来航で尊王攘夷の志士となった男が、後に日本資本主義の父と呼ばれるまでになったのは、彼自身のたゆまぬ努力があったからに他なりません。しかし、何度も自分のポジションを変えられた背景には、類いまれなる情報収集能力があったからなのではないでしょうか。それによって彼が時代を見極める慧眼^{けいがん}を持つに至った結果、今日の発展の基礎が築かれたのです。

　コロナ禍が、外食業界にとって明治維新のような大転換のきっかけとなるのなら、次の時代、日本を牽引していくのは外食産業になるでしょう。今でも、日本の外食業界の力は偉大です。ここ数年、多くの企業が海外に次々と進出し、現地でたくさんのファンを獲得しています。また、インバウンド客の目当ても、その多くが外食でした。DX でそのポテンシャルをさらに発揮できるようになれば、日本が世界に誇る産業になるのは間違いありません。

　そのための礎を築くのは、まさに今です。次世代の外食業界の盛衰は、現在を生きる私たちの手にかかっているといっても過言ではありません。外食企業１社１社の挑戦が、外食業界人１人１人の意識変革が、そうした時代を実現していく力になっていくと考えています。

おわりに

　本書の執筆にあたっては、実にさまざまな方のお世話になりました。特に、快く取材をお引き受けいただき、ノウハウを公開してくださった方々には感謝の念に堪えません。そうした1人1人の方のお力添えがなければ、本書は完成することがありませんでした。この場を借りて、厚く御礼申し上げたいと思います。

　また、担当編集者さんにも大変お世話になりました。彼の温かい励ましの言葉や柔軟でスピーディなサポートがなければ、途中で挫折していたことでしょう。改めて感謝申し上げます。

　本書が、これからさらにダイナミックに進んでいく外食業DXへの理解を助けると共に、その行く末を考えるきっかけになることを願っています。

Index

225

●著者紹介

三輪大輔（みわ・だいすけ）

1982年生まれ、福岡県出身。法政大学卒業後、医療関係の出版社などを経て2014年に独立。外食を中心に取材活動を行い、2019年7月からは「月刊飲食店経営」の副編集長を務める。「ガイアの夜明け」に出演するなどフードジャーナリストとしての活動の幅を広げ、これまでインタビューした経営者の数は500名以上に及ぶ。

改革・改善のための戦略デザイン
外食業ＤＸ

発行日	2021年12月28日	第1版第1刷

著 者　三輪 大輔

発行者　斉藤　和邦

発行所　株式会社 秀和システム
　　　　〒135-0016
　　　　東京都江東区東陽2-4-2　新宮ビル2F
　　　　Tel 03-6264-3105（販売）Fax 03-6264-3094

© 2021 Daisuke Miwa

印刷所　三松堂印刷株式会社　　　　Printed in Japan

ISBN978-4-7980-6524-3 C0034

定価はカバーに表示してあります。
乱丁本・落丁本はお取りかえいたします。
本書に関するご質問については、ご質問の内容と住所、氏名、電話番号を明記のうえ、当社編集部宛FAXまたは書面にてお送りください。お電話によるご質問は受け付けておりませんのであらかじめご了承ください。